LISTE GÉNÉRALE
PAR DÉPARTEMENT,
ET PAR ORDRE ALPHABÉTIQUE,

DE MM. LES SOUSCRIPTEURS
POUR LE RÉTABLISSEMENT
DE LA STATUE ÉQUESTRE
DE HENRI IV.

Avertissement. Beaucoup de Souscripteurs n'ayant été désignés sur les registres ouverts pour l'inscription des dons, que par leurs emplois ou leurs professions, voici le système qui a été suivi dans le classement.

Lorsque des habitans d'une Commune ont souscrit collectivement, c'est sous le nom de la Commune qu'ils sont compris dans la Liste.

S'il est question d'un Préfet, d'un Sous-Préfet, d'un Maire, d'un Receveur, d'un Percepteur, etc., sans désignation de noms, il faut chercher dans le Département respectif aux mots: *Préfet, Sous-Préfet, Maire, Receveur, Percepteur, etc.* S'il s'agit d'une Administration comme celle des Postes, des Monnoies, de l'Enregistrement, des Ponts et Chaussées, etc., c'est aux mots: *Postes, Monnoies, Enregistrement, Ponts et Chaussées, etc.*, qu'on la trouvera. Les Sociétés de Médecine, d'Agriculture, etc., sont classées sous les dénominations: *Médecine, Agriculture, etc.* Les Juges, les Avocats, les Notaires, les Avoués, non dénommés, ont été placés sous les mots: *Tribunal, Avocats, Notaires, Avoués, etc.*

Le Comité des Souscripteurs ayant formé une Liste particulière des dons offerts par les Corps militaires, les Maréchaux, les Lieutenans généraux, les Officiers de terre et de mer, nous avons conservé cette distinction en classant les diverses armes par nature, autant que pouvoient le permettre les anciennes désignations des Régimens avec les nouvelles.

Enfin, les noms des Souscripteurs français à l'étranger terminent la Liste générale.

Nous espérons que ces éclaircissemens suffiront pour faciliter toutes les recherches.

DÉPARTEMENT DE L'AIN.

MM.

Ailland, receveur particulier à Nantua.
Ally, avocat.
Amand, payeur.
Arriveur de Génouilleux (Mme v^e).
Arriveur, membre du collége électoral.
Aynard, négociant.

(2)

MM.
Bérard, père.
Bielliat, adjoint au maire de S. Triviers.
Blanchon, greffier à Caydériac.
Borgnard, cultivateur à Beziat.
Bourret, curé de Carbonad.
Braugier, vice-président.
Branche, juge de paix à Mornay.
Burtin.

Caillat, de Saint-Triviers.
Capelle (le baron), préfet.
Chaintrain, percepteur.
Chaponay (le baron).
Charet.
Comty, maire de Saint-Triviers.
Comty, percepteur à Saint-Triviers.
Crochet, percepteur.

Dangeville, juge.
Dapyrieux, maire de Volognes.
Débéon.
Debournazel, chevalier de Malte.
Degrammond, chevalier de Saint-Louis.
Delabeynière (Mlle).
Delaservette.
Dépagne, de Vaux.
Derevolnas, père.
Déroffray, percepteur à Bourg.
Descrivieux.
Desmorrest, juge de paix.
Divolet.
Dombouy, maire de Volnas.
Douglas, fils.
Douglas (le comte).
Doublas (le vicomte de), maire de Montréal.
Dumolad de Quincieux.
Dumolins, receveur particulier à Nantua.
Dustor, percepteur.
Dutaillis, directeur des contributions.

Egraz, ex-curé de Chazenay.
Evrad, procureur du roi, à Nantua.

Fauvin de Montréal.
Fauvin de Châtillon de Michaille.
Fauvin de la Cluze.
Favel, receveur-général.

Fevelat, ancien consul.
Frémion, maire à Saint-Paul.
Freminville, ingénieur en chef.
Gallien de la Chaux, maire de Saint-Jean-le-Vieux.
Geoffroy, curé de Saint-Nisier-le-désert.
Goffoy, percepteur.

Herbé, maire de Curiac.

Joly, curé de Romanèdre.

Lacombe, maire de Caydériac.
Lacroix, greffier de juge de paix.
Lapicotière, huissier à Caydériac.
Lemercier, chevalier de Saint-Louis.
Lièvre, maire de Chanay.
Loras (le comte de).
Lorin, docteur à Choissey.
Lyvec, juge de paix à Caydériac.

Maires.
Martin-Perrot, propriétaire.
Masse, percepteur à Seyssel.
Mathieu, huissier à Caydériac.
Midan, percepteur.
Modaz, médecin à Nantua.
Moine ainé, ancien conseiller à Trévoux.
Montanier, juge de paix.
Montanier, ancien pasteur de Genève.
Montanier de Vens, curé de Seyssel.
Mont de Sert, notaire à Montmerle.

Pécheur, percepteur à Vonnas.
Perrex de Génouilleux.
Perraud, notaire à Montmorts.
Pongelon (le chevalier de), sous-préfet.

Revel, juge à Bourg.
Reydellet, percepteur.
Rey.
Rigod, de Terrebasse.
Rouyer, président à Nantua.

Saint-Marcin (de).
Sirand, conseiller de préfecture.

MM.
Tabariez, percepteur à Nantua.
Tendret, premier commis à la direction des domaines.

Vacle, greffier de la justice de paix de Saint-Tréviot.
Villier, maire de Saint-Julien.
Villier, notaire à Saint-Julien.

DÉPARTEMENT DE L'AISNE.

MM.

Beaufort, membre du conseil général du département.
Bordin, receveur de l'enregistrement à Condé.
Bourboulon-Saint-Edme, receveur général.
Boutet, payeur.

Daubigné, receveur à Saint-Quentin.
Dauvigny, membre du conseil général du département
Debatz, directeur des contribut.
Deforceville, à Fonsomme.
Delaage, sous-préfet à Château-Thierry.
Desains, entreposeur des tabacs.
Desains, notaire à Saint Quentin.
Desèvres, maire de Soissons.
Devismes, sous-préfet à Vervins.
Diot, directeur des postes à Laon.
Duboscq, chevalier de la Légion-d'Honneur.
Dunez, sous-préfet à S. Quentin.

Giallon (mademoiselle), buraliste à Saint-Quentin.

Gouillard, sous-préfet à Laon.

Hébert, inspecteur des forêts.

Laurent (François), juge au tribunal civil de Laon.
Leduc - d'Eptesson, receveur à Château-Thierry.

Malouet, préfet.
Marchand de Villers, imprimeur à Laon.
Michaud Saint - Marc, propriétaire à Laon.
Montfaucon (la commune de).
Morel (Alphonse), de Soissons, élève de Sainte-Barbe.
Morel, avocat à Soissons.

Notaires (MM. les) de Soissons.

Piot, receveur à Saint-Quentin.

Tribunal civil de Saint-Quentin.

Wisme, avoué à Saint-Quentin, et sa famille.

DÉPARTEMENT DE L'ALLIER.

MM.

Bardonnet-Latoute, propriétaire à Moulins.
Bayon, à Beaulôn.
Bodinat (Louis de), propriétaire à Moulins.
Bodinat (le chevalier), propriétaire à Moulins.
Bourgeois, percepteur à Genneline.
Broidt, propriétaire à Moulins.

Contributions directes (MM. les directeurs, inspecteurs et contrôleurs des).

Delafay père, propriétaire à Moulins.
Delaroche de l'Anizière, propriétaire à Moulins.
Demerciere, maire de Gypri.
Droits réunis (MM. les employés des).

Enregistrement (MM. le directeur et les employés de l').

Farjonel (veuve), propriétaire à Moulins.
Finance, percepteur au Donjon.

I.

MM.
Fournier, receveur particulier à Montluçon.

Hattier de Jollivette, maire de Cindré.

Jaladon, receveur à la Salisse.
Jaladon, receveur général.
Jarsaillon, propriétaire au Moulet.

Julien, prêtre à Tretz.
Pailleret, notaire à Tretz.
Percepteurs (les) de Gannat.
Percepteurs (les) de Moulins.
Percepteurs (les) de Montluçon.

Reynaud de Rochemard, à Moulins.
Rigolot, ingénieur en chef.

DÉPARTEMENT DES BASSES-ALPES.

MM.

Allègre, chef de bureau à la recette générale.

Chinon père, employé à la recette générale.

Duval, préfet.

Gaston, receveur général.

Hugues, percepteur à Digne.

Palhier de Silvabelle, à Banon.
Planche, receveur à Sisteron.

Rippert de Villecroy, directeur de l'enregistrement.
Roux, receveur à Digne.

Tartanson, receveur à Castellanne.

DÉPARTEMENT DES HAUTES-ALPES.

MM.

Blanc receveur à Embrun.
Brochier, receveur général.

Chaix, sous-préfet à Briançon.
Conseil municipal (le) de Gap.
Contribnt. dir. (MM. les empl. des).

Dabon, conseiller de préfecture.
Dabon (M. le chevalier). maire de Gap.
Droits réunis (MM. les empl. des).

Enregistrem. (MM. les empl. de l').

Harmand, préfet.

Ivignier, direct. des droits réunis.

Nugent, préfet du département.

Percepteurs de l'arrondissement d'Embrun (MM. les).

Ruelle, payeur.

Serres, sous-préfet à Gap.

Tribunal civil de Gap (le).

Viel, sous-préfet à Briançon.

DÉPARTEMENT DE L'ARDÈCHE.

Collége de Tournon (MM. les élèves du).

(5)
DÉPARTEMENT DES ARDENNES.

MM.

Albert Vernier de Jaubert, à Mézières.
Akermann, receveur-général.
Andry, garde-général à Rocroy.

Banchereau, à Mézières.
Billauvel, maire de Boutancourt.
Bonin, sous-inspecteur des forêts à Fumay.
Briois, receveur partic. à Rocroy.

Choppin, maire de Philippeville.
Coster, sous-préfet à Vouziers.

Darodas, maire à Bailly.
Delahant, à Charleville.
Desrousseaux, propriét. à Fumay.
Desprez, greffier du juge de paix à Rumigny.
Diebold, maire à Saint-Marceaux.
Docalé, maire à Chalandry.
Drappier, à Nonart.

Gouget, maire à Brières.
Guillemart, percept. à Vouziers.

Hérissen, maire à Reuilly.

Jaubert (Adolphe) le comte, à Mézières.

Lenoble, à Saint-Marceaux.
Liceut, juge de paix à Rumigny
Loge des Frères discrets (la), à Charleville.

Michel Vaquet, à Nonart.

Oudart, maire à Raillecourt.

Paul, à Saint-Marceaux.
Percepteurs (MM. les), à Sedan.
Petit-Pierre, percepteur à Frizy.
Pousin, desservant à Tailly.

Receveur général du département (le), pour divers habitans.
Receveurs particuliers (MM. les), à Sedan.

Salis, née Béthune. (Mme la baronne de)

Tribunal de paix de Mouzon. (le)

DÉPARTEMENT DE L'ARRIÉGE.

MM.

Chaplaine, (M. le baron de) ancien préfet.
Castillon. (les habitans du canton de)

Domaines. (MM. les employés de la direction des)

Falentin de Sentenos, maire de Mot-d'Azile.

Laitu, propriétaire, à Mirepoix.
La Roque, receveur général.

Morlière, notaire, à Pamiers.

Robert, sous-inspecteur des eaux et forêts, à S. Gisors.
Roubichon, propriét., à Pamiers.

Sauvan, secrét. gén. de la préfecture.

DÉPARTEMENT DE L'AUBE.

MM.

Acien, percepteur d'Avaut.
Adnot Patin, marchand à Troyes.
Adrieu, de Troyes.
Allemant (Henry), bonnetier, à Troyes.

André (Mme v^e), de Troyes.
Anguenoust-de-Ville-Chetif, de Troyes.
Anguenoust (Mme v^e), de Troyes.
Anheim et compagnie, imprimeurs.

MM.
Anonyme (un), de Troyes.
Aregoins, (Mme) propriétaire, à Troyes.
Arnout-Godinot, de Troyes.
Arnoul, épicier, à Troyes.
Arrondissement de Troyes. (MM. les notaires de l')
Arson, propriétaire, de Troyes.
Arlan, (Mme v^e) à Troyes.
Arvisinet, (l'abbé) vicaire gén., à Troyes.
Astier, receveur, à Troyes.
Avalie-Duplessis, conseiller de préfecture, à Troyes.
Aviat, de Saint Maurice, nég., à Troyes.
Aviat-Paulin, de Troyes.
Avocats (MM. les) du tribunal de Nogent.

Babeau, de Troyes.
Babeau-Jaquesseau, père et fils, de Troyes.
Bablin, arrondissement de Troies.
Bacquins, marchand, à Troyes.
Bahon, à l'état-major de la place de Troyes.
Bailly, valet de chambre du roi, à Troyes.
Bailly, (Jean) de Troyes.
Baron, percepteur.
Bardin, entrepreneur.
Barrey, horloger.
Barrois, perruquier, à Troyes.
Barthelmy, procureur du roi à Troyes.
Baudoin, curé de Trairal.
Bazin, Chanoine, à Troyes.
Bedor, de Troyes.
Belard, (Gabrielle) à Troyes.
Belgrand, (le commandeur) receveur principal des impositions indirectes.
Belgrand, conserv. des hypothèques, à Troyes.
Benoist, (Mme) de Troyes.
Benaben, ancien magistrat, à Troyes.
Berard-Hérard, propriétaire.
Berger, marchand, à Troyes.
Berthelin et compagnie, à Troyes.
Bertrand, contrôleur, à Troyes.
Bertrand, percepteur.
Bertrand la Rose, entrepreneur.

Berthelin-Wathier.
Beuve, à Troyes.
Bietrix, (Jacquot) percepteur à Lusigny.
Biémont, plombier.
Blaise, (Jean) propriétaire, à Troyes.
Blaupignon-Pillard, à Troyes.
Blavoyer, propriétaire, à Troyes.
Blavoyes, marchand, à Troyes.
Blondel, à Troyes.
Boduin, marchand, à Troyes.
Boillelot-Tartivot, marchand, à Troyes.
Boisconstant, marchand, à Troyes.
Bois ainé, marchand, à Troyes.
Bois, le jeune, marchand, à Troyes.
Borgerot, marchand, à Troyes.
Borgne, à Troyes.
Boucher, propriétaire, à Troyes.
Boucher, (Melle) rentière, à Troyes.
Boudoir, à Troyes.
Bouillerot, (Mme v^e) propriétaire.
Bouillerot, imprimeur, à Troyes.
Bouilly, marchand, à Troyes.
Boulard, percept. arrond. de Bar.
Boulanger, (Mme v^e) de Troyes.
Bouquot, apothicaire, à Troyes.
Bourdignon (Mme v^e) à Troyes.
Bourdon, percepteur.
Bourlier la Prairie, à Troyes.
Bourgeois, (Mme v^e) et fils.
Bourgoin, percept., arrond de Bar.
Bourotte-Méalet, à Troyes.
Bourreau, (Mme) aubergiste.
Boussard (Mme), à Troyes.
Boussin Lavocat, propriétaire.
Braiche-Bricard, épicier, à Troyes.
Brayer, inspecteur.
Bremont-Lagoguey, à Troyes.
Brigeat, greffier du juge de paix, à Troyes.
Briois, concierge, à Troyes.
Bucheris (de), propriét., à Troyes.
Brunet, blanchisseur.
Buot, manufacturier, à Troyes.
Buot, à Troyes.
Bureau.
Buste (de), ainé, à Troyes.

Cardinal, à Troyes.
Caunit, géomètre.
Carré, à Troyes.

MM.
Carteron, directeur des octrois à Troyes.
Carterel, marchand, à Troyes.
Carteret, marchand.
Cauchois-Caillier, marchand.
Cautrelle, percepteur à Romilly.
Chailly, commis.
Chanoine Paillot, à Troyes.
Chanoine père, propriétaire à Troyes.
Chardon de Lenferna, contrôleur.
Chardon, inspecteur des domaines.
Charnoy (le marquis de), propriétaire à Troyes.
Charpy la Bitte, à Troyes.
Chastel (Mlle), à Troyes.
Chatriat (Mme v^e), propriétaire.
Châteaufort (Mme de), à Troyes.
Chaussin, à Troyes.
Chauvet, à Troyes.
Chavy, à Troyes.
Choiselat, percept. de Tramault.
Cochois, à Troyes.
Cochois (frères), march. à Troyes.
Cogit, à Troyes.
Collot-Regnier, à Troyes.
Collomb (Mme), à Troyes.
Collange, à Troyes.
Constant, cordonnier, à Troyes.
Constant, à Troyes.
Contributions indirectes (MM. les employés du département.)
Copin, curé de la Motte-Tilly.
Coquet, marchand à Troyes.
Coquet-Terillon, à Troyes.
Coquet-Teissèdre, nég. à Troyes.
Corbigny (Mme de), à Troyes.
Cornu, à Troyes.
Corps-Denain (Mme), à Troyes.
Corrard, à Troyes.
Corrard, percepteur de Barbière.
Corrard, percepteur.
Cospard, propriétaire.
Cossard, curé d'Avaut.
Cossard (Mme), propriétaire.
Costel (veuve), à Troyes.
Cortier, géomètre.
Cotte de Vaugourdon, directeur des contributions.
Cotteret, propriétaire, à Nogent.
Cottu-Tattin, à Troyes.
Courtin, marchand, à Troyes.
Courtin, agent de change.
Courtal, à Troyes.

Cousin, marchand à Troyes.
Cousin, notaire à Troyes.
Cousin, ancien notaire.
Cousin-Cousin, propriétaire, à Troyes.
Crédit, limonadier à Troyes.
Crevot, à Troyes.
Cyr-Hérard, fabriquant à Troyes.
Dalbanne, négociant à Troyes.
Dalichamp-Bréon, propriétaire, à Troyes.
Dallemagne, à Troyes.
Dallichamp, marchand à Troyes.
Dan, inspecteur, à Troyes.
Danton Boisot, à Troyes.
Darnuel (veuve), à Troyes.
Darsonval, contrôleur.
Daubeterre, avocat.
Daubeterre, tanneur.
Debreuil, directeur des domaines.
De la Barrière (Mme), à Troyes.
De la Cour, percepteur, arrondissement de Bar.
De la Ferté, à Troyes.
De Lion, ancien notaire, à Troyes.
De la Huproye, président du tribunal civil à Troyes.
De la Porte Gris, à Troyes.
Desbrosses, à Troyes.
Desbordes (Mme), à Troyes.
Deschamps, vicaire à Troyes.
Desguerrois, notaire à Troyes.
Desjardins (Mme), propriétaire.
Despont, contrôleur à Troyes.
Desquerrois, receveur de loterie à Troyes.
Desseroy aîné, à Troyes.
Deuney, propriétaire à Troyes.
Devallois, marchand à Troyes.
Dirignez (Mme), à Troyes.
Dodman, avoué à Troyes.
Doguin, marchand à Troyes.
Dollat, à Troyes.
Doué, propriétaire à Troyes.
Dousset, huissier à Troyes.
Dret, curé de S. Jean de Troyes.
Drouot, percepteur.
Drujon, à Troyes.
Dubois, secrétaire de la mairie, à Troyes.
Dubourg (Mme v^e), à Troyes.
Duchat, marchand à Troyes.
Duchat, à Troyes.
Dulin, marchand à Troyes.

MM.

Duhamel, chanoine à Troyes.
Dulac, marchand à Troyes.
Dupleix, ancien préfet.
Dupont, manufacturier à Troyes.
Dupont-Abit, blanchisseur.
Dupuis, à Troyes.
Dupuis fils, à Troyes.
Dupuis de Montbrun, secrétaire général à Troyes
Dussomecy (Mme), à Troyes.
Dussaussey-Suchel, à Troyes.
Durand, propriétaire.
Durand, substitut du procureur du roi à Troyes.

Etienne, marchand à Troyes.

Favette, à Troyes.
Feroust, marchand à Troyes.
Ferraud, négociant à Troyes.
Ferraud-Blaque, marchand à Troyes.
Ferraud-Lamotte, négociant à Troyes.
Ferraud-Massey, marchand à Troyes.
Fevre, employé à Troyes.
Fichot, curé de Saint-Urbain, à Troyes.
Fleury, percepteur à Mâcon.
Fleury-Gobin, négoc. à Troyes.
Flogny, à Troyes.
Fontaine, à Troyes.
Fontaine-Brone, propr. à Troyes.
Fortin, notaire à Troyes.
Fournier, marchand à Troyes.
Franchecourt (de), contrôleur.
François, marchand à Troyes.
Francillian-Bridust, à Troyes.
Fraveau, huissier à Rouilly.
Frichot, chapelier.

Galère, cordonnier à Troyes.
Gallice, négociant à Troyes.
Garnier, percepteur.
Garnier (Mme), à Troyes.
Gaudiniot (Gérard), à Troyes.
Gauthier, à Troyes.
Gauthier, orfévre à Troyes.
Gauthier (Mlle), à Troyes.
Gauvin, marchand à Troyes.
Gentil, receveur à Troyes.
Gentin, commis.
Geoffroy, à Troyes.

Geoffroy-Geny, propr. à Troyes.
Geoffrin-Dumonnoir, propriétaire.
Gervaisot, propriétaire à Troyes.
Gervaisot, percepteur, arrondissement de Bar.
Gigord (de) sous-préfet à Troyes.
Gilles, recev. à cheval, à Villeneuve.
Gilin, à Troyes.
Gilly et compagnie, marchands à Troyes.
Giraud, marchand à Troyes.
Giraut (Constantin), propriétaire à Troyes.
Girault-Conquary, agent des vivres à Troyes.
Girault-Lequeux, marchand à Troyes.
Gobelet-Delacour, à Troyes.
Godot, marchand à Troyes.
Gombault-Nancey, à Troyes.
Gombault-Nivelle, à Troyes.
Grasper (Jacob), négoc. à Troyes.
Gravelle, à Troyes
Gréau père et fils, à Troyes.
Gris, percepteur de Villeneuve.
Gris-Jacquinot, à Troyes.
Grognard, receveur à Troyes.
Gruat, à Troyes.
Gueslon (Mme), à Troyes.
Guischard, percepteur.
Guignon, limonadier à Troyes.
Guilberméer, à Troyes.
Guillaumot-Arnoult, à Troyes.
Guillaumot, de Reims.
Guilleminot, négociant à Reims.
Guillemet, curé de Nogent-sur-Seine.
Guyot, greffier à Troyes.
Guyot (Mme), à Troyes.
Guyot, notaire à Troyes.
Guyot-Trétin, fabricant à Troyes.

Haguenin, propriétaire à Troyes.
Hardy, commis à pied à Nogent.
Harmand, à Troyes.
Hédouin, receveur à cheval.
Hemelat, négociant à Troyes.
Hennequin, percepteur d'Origny.
Henry, conservateur des hypothèques à Troyes.
Hérard (Charles), propriétaire.
Hérard-Bonnemain, propriétaire.
Hérard-Hurot, propriétaire.
Hérard-Nirot, marchand à Troyes.
Herbin-Tabuteau, à Troyes.

MM.
Herbelin-Peuchot, à Troyes.
Herlenisen-Gruger, marchand à Troyes.
Hersmoon, marchand à Troyes.
Heurles-Billy (de), propriétaire à Troyes.
Heurles (de), propriét. à Troyes.
Heurles (de), à Troyes.
Hollande, négociant à Troyes.
Honnet, percept. de Saint-Hilaire.
Honnot, avoué à Troyes.
Huat (Mlles), à Troyes.
Hugnier, percepteur de Méry.
Huillier, chanoine à Troyes.
Huot, de Troyes.
Huot-Manchin (Mme), à Troyes.
Huot (Mme v^e), propr. à Troyes.
Hureau, à Troyes.
Hurlot, à Troyes.

Imbault, marchand à Troyes.

Jacquesson, de Troyes.
Jacquin, percepteur.
Jacquin, blanchisseur.
Jacquinot, propriétaire à Troyes.
Jaillant-Deschainetz, directeur des impositions indirectes.
Jallier fabricant à Troyes.
Jaquetot-Verdin, percepteur, arrondissement de Bar.
Jaquotot-Legrand, percepteur à Troyes.
Jaunon, percepteur.
Jeannet, percepteur.
Jeauson, fabricant à Troyes.
Jeauson, receveur des contributions indirectes.
Jolly, meunier.
Josse, géomètre.
Jouard, entrepr. de pavé à Troyes.
Jourdan, ingénieur du cadastre.
Jourdan, géomètre.
Juge de paix et greff. de Troyes (les).

Krinx, marchand à Troyes.

Labouret, prêtre à Troyes.
Lacouture, marchand à Troyes.
Laforêt (Mme de), à Troyes.
Lalausse, curé de Sainte-Madeleine à Troyes.
Lalcon, à Troyes.
Lalot-Monturel, juge à Troyes.

Lamby-Cousin, négoc. à Troyes.
Lanchin, à Troyes.
Larottière, blanchisseur.
Lasnier, à Troyes.
Lasueret, maître de poste à Troyes.
Laurot-Moulinot, à Troyes.
Laurot-Petit le jeune, à Troyes.
Laurent fils, arrondiss. de Troyes.
Lavocat-Senard, à Troyes.
Leblanc-Richier, entrepreneur.
Leblanc, marchand de coton.
Leblanc, recev. particul. d'Arcy.
Lebon, notaire à Troyes.
Lécorché, marchand à Troyes.
Leclerc, à Troyes.
Ledante (Mme v^e), à Troyes.
Ledru, chanoine à Troyes.
Lefebvre, chanoine à Troyes.
Leger jeune.
Legrand, percepteur, arrondissement de Bar.
Lemoyne, propriétaire à Troyes.
Lenglumey, inspecteur des contrib.
Lerouge (Mme), à Troyes.
Lerouge, contrôleur.
Lerouge-Daigné, à Troyes.
Leseure, percepteur.
Levesque, à Troyes.
Leviot, marchand à Troyes.
Ligiot, marchand à Troyes.
Linard, propriétaire à Troyes.
Lorne, percepteur, arrondissement de Bar.
Louis, marchand à Troyes.
Lourot-Mutel, avocat à Troyes.
Loutinet, ancien notaire à Troyes.
Loyne (Mme de), propr. à Troyes.
Lucot, principal du collége à Troyes.
Lutel, marchand à Troyes.

Mabblet, receveur particulier, arrondissement de Bar
Machet, marchand à Troyes.
Maget, curé de la Louptière.
Magniat, de Reims.
Maillard Courlat, march. à Troyes.
Maitre, percepteur, arrondissement de Bar.
Malet, greffier du tribunal civil de Troyes.
Mangin de Fontdragon (de), à Troyes.
Manchin, à Troyes.
Manceau, marchand à Troyes.
Mancy, curé à Barbérise.

MM.
Marguerie, arrondiss. de Troyes.
Marion Doné, march. à Troyes.
Marteau (Mlle), marchande de modes à Troyes.
Martin, marchand à Troyes.
Martin, percept. arrondiss. de Bar.
Martinet (veuve), nég. à Troyes.
Massey de Laporte, à Troyes.
Masson (Mme veuve), rentière à Troyes.
Masson, à Troyes.
Mathieu, orfévre à Troyes.
Matouillet, commis à cheval, à Villeneuve.
Mauceau (Mme), à Troyes.
Maugion, percepteur à Villadin.
Maure, marchand à Troyes.
Maussard, marchand à Troyes.
Meimel, percepteur.
Mery Godard, march. à Troyes.
Mesguigny (de), propr. à Troyes.
Meuclaire, greffier du juge de paix à Romilly.
Meurville, marchand à Troyes.
Michaut, ag. de change à Troyes.
Michaut, percepteur, arrondissement de Bar.
Michaut de Larmont, percepteur, arrondissement de Bar.
Michelon-Nancey, entrepreneur.
Mirebeck, inspecteur des contributions à Troyes.
Miligne, notaire à Troyes.
Milliere, percepteur, arrondissement de Bar.
Millard fils (Blaise), propriétaire.
Mitaulier fils, à Troyes.
Mocqueris, pépiniériste.
Mocqueris, prêtre à Troyes.
Mocqueris, marchand à Troyes.
Montagne, propriétaire à Troyes.
Montagne, contrôleur.
Montozon (de), à Troyes.
Morin, chandelier à Troyes.
Mouchot, juge à Troyes.
Moutonnier, à Troyes.
Munier, géomètre.
Myon, marchand à Troyes.

Navarre, à Troyes.
Nérat, à Troyes.
Nicolas, notaire à Troyes.
Noël, marchand à Troyes.
Noël, marchand à Troyes.
Noël, entreposeur de tabacs.
Noël, propriétaire à Troyes.
Nogent (Mme de), à Troyes.
Norton, percepteur, de la Séanotte.

Odin (veuve), à Troyes.
Olivier, avoué à Troyes.
Olivier, receveur de la commune de Troyes.
Onguenoust, propriét. à Troyes.

Paillet (Mlle), propriétaire.
Paillot, propriétaire à Troyes.
Paillot de Montabert, propriétaire.
Paire, commis à pied à Nogent.
Panson, percepteur de Pont-le-Roi.
Parigot, à Troyes.
Patenôtre, percepteur.
Patrice (Mlle), à Troyes.
Patris, avocat à Troyes.
Patris, juge de paix à Troyes.
Paupt, marchand à Troyes.
Payen Michelin, tanneur à Troyes.
Payn, adjoint du maire à Troyes.
Payne, à Troyes.
Peigné, marchand à Troyes.
Pérard, curé de S.-Remi à Troyes.
Perrat, à Troyes.
Perrat, pharmacien.
Perrat, marchand à Troyes.
Perrin, à Troyes.
Petit, à Troyes.
Petit, avoué à Troyes.
Petit, huissier à Troyes.
Philippe, marchand à Troyes.
Philippe, receveur à Troyes.
Philippont, rentier à Troyes.
Piat, fabricant à Troyes.
Picard (Mme v^e), propriétaire.
Pierre François, propriétaire.
Pignolet, à Troyes.
Pigeate, médecin à Troyes.
Pillard, orfévre à Troyes.
Pinard, vicaire à Troyes.
Pion. (Mlle)
Pion, blanchisseur.
Pion, propriétaire.
Piot de Courcelle, maire à Troyes.
Pitancier, huissier à Troyes.
Plenot dit l'Abbé, marchand à Troyes.
Poirier, curé de Gremery.
Ponsard, marchand à Troyes.
Porou Charve, marchand à Troyes.
Potier, marchand à Troyes.

MM.
Poupot (Mme), marchande.
Prevost Dalichamp, à Troyes.
Pregnot, huissier à Troyes.
Prompt, propriétaire à Troyes.

Quibaille, à Troyes.

Rabby, propriétaire.
Rabiat Corrard (ve), de Troyes.
Rabiet, curé de Saint-Dizier à Troyes.
Rabiet, à Troyes.
Rabiet, marchand.
Raby, marchand à Troyes.
Raï Drouet, épicier à Troyes.
Raoul, huissier.
Raphaël, receveur à cheval.
Recoing, marchand à Troyes.
Regnault, notaire à Troyes.
Regnault Flogny, à Troyes.
Regnier Bouvillon, à Troyes.
Regnier, fripier à Troyes.
Remy, marchand à Troyes.
Renaut Aviat, marchand à Troyes.
Renard, marchand à Troyes.
Réol, à Troyes
Revillon, contrôleur.
Rigoley, blanchisseur.
Rivière, marchand à Troyes.
Robert, receveur particulier à Nogent-sur-Seine.
Robert, (Mme) à Troyes.
Robert, adjoint de la commune de Bois.
Robillard, à Troyes.
Roblot-Mauchin, à Troyes.
Rocoing, à Troyes.
Roger, à Troyes.
Rons, percepteur de Fremoy.
Roquard, à Troyes.
Rousselle, percept., arrond. de Bar.
Rousselet, juge à Troyes.
Rousselet, épicier, à Troyes.
Roussin Boudart, tanneur.
Roy (Louis), épicier à Troyes.
Royer, percepteur.
Ruinet, chirurgien, à Troyes.
Ruotte, cons. de préf., à Troyes.

Sabouret, avocat.
Saget, chanoine à Troyes.
Sainton père et fils, à Troyes.
Saint-Maurice (de), marchand à Troyes.

Sallé, percepteur, arrond. de Bar.
Sailigny (de), percepteur.
Saugé, notaire, à Troyes.
Saussier-Charve, propriétaire.
Saunets (Mlle de), mde de modes.
Savard, percepteur.
Savin Lerouge, propr., à Troyes.
Savoye, (Mme) propr., à Troyes.
Savoye (Vincent), md à Troyes.
Savoye, marchand, à Troyes.
Scuvat, à Troyes.
Senionnot, percepteur.
Simon, avoué à Troyes.
Simonot, notaire, à Troyes.
Soissons, à Troyes.
Simplet, marchand à Troyes.
Soules, à Troyes.
Soulot, percept., arrond. de Bar.

Tallon, à Troyes.
Tatton, marchand de bois, à Troyes.
Terrier, entreposeur de tabacs, à Troyes.
Terrillon-Bréon, propriétaire.
Terrillon, (Jacques) blanchisseur.
Trésfort, Chanoine, à Troyes.
Tessier Vez, propriétaire.
Thaviot, blanchisseur.
Thevenot, professeur, à Troyes.
Thézenas frères, à Troyes.
Thibault, percepteur, arrondissement de Bar.
Thibusard, percepteur, arrondissement de Bar.
Thiéblin, de Troyes.
Thierret (Mme ve), à Troyes.
Thosmé, propriétaire.
Tocquiney, percept., à Nogent-sur-Seine.
Toulouze, à Troyes.
Tribunal de Nogent (MM. les membres du).
Trousoy, à Troyes.
Trois (Mme), à Troyes.
Trusson, percepteur.
Truelle-Lemaire, manufacturier, à Troyes.

Vagbeaux, percepteur, arrondissement de Bar.
Vallot, à Troyes.
Vaudé, marchand.
Vauthier, à Troyes.
Verolot, marchand, à Troyes.
Viard (Borgne), propriétaire.

MM.
Viard (Thomas), propriétaire.
Viaut, avoué à Troyes.
Vincent, marchand à Troyes.
Vivien, arrondissement de Troyes.

Vivien-Hérard, à Troyes.
Voillemain, entrepreneur.
Voithier.

Yon, marchand à Troyes.

DÉPARTEMENT DE L'AUDE.

MM.

Bucaille, directeur des postes à Castelnaudary.

Damis, secrétaire général de la préfecture.

Dégrand, sous-préfet à Castelnaudary.

Delacarière, sous-préfet à Carcassonne.

Grimaud, juge de paix à Pejean

Lagarde, contrôleur des postes à Narbonne.

Mariani (Antoine.).

Martial de Biré.

Perreau, payeur.

Soubiran de la Tour d'Auvergne, au nom de 22 émigrés de Castelnaudary.

Trouvé (le baron), préfet.

DÉPARTEMENT DE L'AVEYRON.

MM.

Defrance de Lorne, directeur des contributions.

Delablondinière (Mme v^e).

Grelet et ses enfans (Mme), à Rodez.

Préfet du département (M. le).

DÉPARTEMENT DES BOUCHES-DU-RHONE.

MM.

Abadie, marchand à Aubagne.
André, percepteur à Aubagne.
André, à Allauch.
André, receveur général.
Anonyme (un) d'Aubade.
Arnoux, maire d'Aubagne.
Artaud, commis à Marseille.
Aubert, greffier à Aubagne.
Autran, négociant.
Autran Bellier, fils.
Avoués (les) de Marseille.
Azan, maire de Ceyreste.

Baudin, huissier à Aubagne.
Bayanne (de).
Bellot, propriétaire à Bouc.
Berand, avoué.
Berthe, cultivateur à Bouc.
Bilhon, percepteur.
Blanc, secrétaire de la Mairie.

Bon, ancien notaire à Collongne.
Bonnet, huissier à Aubagne.
Bonnet née Andry (Mme), propriétaire à la Ciotat.
Boubier, père et fils, à Marseille.
Bremond, propriétaire à la Ciotat.
Bremond, percepteur à Auriol.
Brezet, propriétaire, à Marseille.
Bringier (Hypolite), à Auriol.

Caillot à Auriol.
Cas, maire de la Senne.
Chandony, maire à Bouc.
Chanet, propriétaire.
Conseil municipal (le) de Marseille.
Cruvelier, membre du conseil.

Delavau, inspecteur du cadastre.
Desmoulins, direct. des douanes.
Duquesnay, notaire, à Martignes.

MM.

Estrine, percepteur, à S. Remy.

Fignon, curé, à Aubagne.
Flory, greffier du juge de paix, à Marseille.
Fornier, juge de paix.
Fortout, avoué.
François, recteur, à Bouc.

Gabriel, ancien juge, à Aix.
Ganteaume, membre du conseil.
Garde nationale d'Aix (l'état major de la)
Gaspard, adj. au maire d'Alençon.
Gay, propriétaire, de la marine marchande, à Marseille.
Gerin, membre du conseil.
Granjon, tisserand à Auriol.

Imbert, à Auriol.

Jay, médecin, à la Ciotat.
Julien, adjoint de Ceyrest.

Laforest, directeur du bureau de mendicité à Aix.
Lajard, chevalier de la Légion-d'Honneur à Marseille.
Lhote d'Ecquivilly, propriétaire à Marseille.
Luce aîné, négociant à Marseille.

Mandolx (de), ancien magistrat à Marseille.
Marigagne (la commune de).
Mariton, march. de sel à Marseille.
Martel Sauveur, propr., à Aubagne.
Martinot, notaire, à Aubagne.
Maurros, percept., à Roqueraine.
Mille, percepteur, à Fouvielle.

Moustier, avoué.

Negrel Bruni, ancien avocat au parlement, à Aix.
Notaires (les) de Marseille.

Oddo, avoué.
Olive, secrétaire de la Senne.
Olivier (Jérôme), à Auriol.
Onillon (Mme), débitante de papier timbré.

Payan, commissaire de police à la Ciotat.
Payan Latour, maire, à la Ciotat.
Perreymont, doyen des courtiers de commerce.
Prax, entr. de théâtre, à Marseille.

Rampal fils, négociant, à Marseille.
Remusat (de), à Marseille.
Remusat (Mme de), née Grenier, à Marseille.
Ricard, courtier de commerce, à à Marseille.
Roux, entr. de maçon, à Marseille.

Sebilleau, percepteur, à Penne.
Silvy, membre du conseil.
Sivan, juge de paix, à Aubagne.
Souscripteurs (divers).
Spitallier Seillans, percepteur, à la Ciotat.

Tardieu (Ch.), de Marseille.
Teissière, à Auriol.
Tourette, percepteur.
Tricon, marchand drapier.

Velin, constructeur, à la Ciotat.
Villan, maire de Collongues.

DÉPARTEMENT DU CALVADOS.

MM.

Beauchef-Servigny (le baron), chevalier de S. Louis, à Caen.
Berthelot, chapelain de l'hospice de Bois-Halbout.
Blaise, ex-conseiller à la cour d'appel.

Contributions (les receveurs et percepteurs des).

Dann, percepteur à Caen.
Deschamps, avoué à Lisieux.
Drudes de Champagnolles, chevalier de Saint-Louis, à Vire.

Evêque de Bayeux (l').

Fontenelle (le baron Emmanuel de).

MM.
Franqueville (Mme de).

Garde nationale de Caen (la).
Guernon-Rauvelle (de), avocat à Caen.

Hautefeuille (Mme la marquise d').
Helain (M. et Mme), coquetiers à Caen.

Ichanne, avoué à Bayeux.
Impôts indirects (les employés des).
Inconnu (un), par la diligence de Caen.

Joly (Mme), receveuse de la loterie à Bayeux.

Lair, conseiller de préfecture.
Langlois (Abel), payeur de la 14e division.
Laroche, avoué à Lisieux.

Lecordier de Laporte, à Pont-l'Évêque.
Leforestier-d'Osseville (le chevalier).
Lesauvage, prêtre à Caen.
Letourneur, directeur des domaines du département du Calvados.
Méchin (le baron), préfet.
Molozé (de), chevalier de S. Louis.
Montlivaut (le comte de).
Mouslin, curé de Melay.

Percepteurs de Lisieux (les).
Pillaut, directeur des contributions indirectes à Lisieux.

Quetel, avoué à Lisieux.

Robillard (Adrien de), à Caen.

Sourdeval (la comtesse de).
Surosne, receveur à Caen.

DÉPARTEMENT DU CANTAL.

MM.

BAYLE, receveur de l'enregistrement à Mauriac.
Boutarel, payeur général.
Boysson, maire de Marcolès.
Bréchet, percepteur à Marcolès.

Carrière, président à Aurillac.
Croizet, receveur général.

Daudin, à Vire.
Defargues (le commandeur Joseph-Amans).

Delavaissière (le chevalier), maire de Saint-Saturnin.
Dessaller-Dudons, maire d'Yolet.
Desuttes, 1er du nom.
Desuttes, 2e du nom.

Gasiq (Louis de).
Gobert, directeur des droits réunis.

Mealet de Polverrières (de), maire de Senevergues.
Métivier (de).
Murat-Sistrière (le comte de).

DÉPARTEMENT DE LA CHARENTE.

MM.

ASTIER, receveur général.

Collége de Confolens (les élèv. du)

Doché, directeur des contributions.

DÉPARTEMENT DE LA CHARENTE INFÉRIEURE.

MM.

BLANC, de Saintes.
Bridoux, propriétaire à Saintes.

Carré de Ste-Genèvre, à Saintes.
Charron jeune, receveur particulier, arrondissem. de Marennes.

(15)

MM.
Cozes (plusieurs habitans de la commune de).
Crugy (de), commissaire de police à Saintes.
Delmas, préfet.
Delagnette, recev. partic. à Saintes.
Delatour, à Saintes.
Dequeux, percepteur à S. Georges de Didonne.
Descontoubre (le comte), sous-préfet à Jouzac.
Droits réunis de Jouzac (les employés des).
Eurimont (d'), directeur des douanes à la Rochelle.
Gampel, médecin à Saintes.
Germignac (la commune de).
Gilbert de Gourville, ancien magistrat à la Rochelle.
Grelat, à Saint-Jean-d'Angely.
Griffon (de), sous-préfet à Saint-Jean-d'Angely.
Guenon, curé à Saint-Georges-des-Côteaux.
Guillet, percepteur à Saint-Georges-des-Côteaux.
Hubert, recev. partic. à Jouzac.

Jacquin, propriétaire à Saintes.
Jobard, tailleur à Saintes.
Levallois, receveur particulier à Saint-Jean-d'Angely.
Loge de l'Union (la), à la Rochelle.
Loge de l'Aimable-Concorde (la), à Rochefort.
Mollet, maire aux Essards.
Messeix, curé à Saintes.
Mestivier, percepteur à Jazonnec.
Péjoine, percepteur à Thériac.
Percepteurs des contributions de Jouzac (les).
Percepteurs des contributions de Rochefort (les).
Percepteurs des contributions de Saint-Jean-d'Angely (les).
Percepteurs des contributions de la Rochelle (les).
Perrin, à Saintes.
Salignac (les habitans de).
Serin, receveur particulier à Saintes.
Souscripteurs (divers).
Tessier receveur particulier à Rochefort.
Titon, receveur général.

DÉPARTEMENT DU CHER.

MM.

Dupuy, ancien premier commis des finances, receveur à Aubusson.
Sanijon, receveur à Yvoi-le-Pré.

DÉPARTEMENT DE LA CORRÈZE.

MM.

Chirac, imprimeur à Tulle.
Demay, propriétaire à Tulle.
Gautier, ex-sous-préfet de Brives (pour plusieurs habitans).

DÉPARTEMENT DE LA COTE D'OR.

MM.

De Bevy.
Moussier, à Dijon.
Morelet (Théodore), maire à Dijon.
Rosat (Louis), propriétaire à Fontaine-Française.
Terray, préfet.
Thuault, directeur de la banque, à Dijon.

DÉPARTEMENT DES COTES DU NORD

MM.

Beuscher, payeur du département.
Beurel (v^e), à Loudéac.
Bigrel, procur. du roi à Loudéac.
Billiard, sous-préfet à Lannion.
Boisrion-Leborgne, à Lannion.
Bonan, chevalier de Saint-Louis à Quintin.
Bremoy (de), chev. de S.-Louis.

Cadieu, procureur du roi à la cour d'assises.
Carrere (de), sous-préfet à Saint-Brieux.
Chambre littéraire de Lannion (la).
Chapelain, propriétaire à Saint-Brieux.
Chevalier, rédacteur du Journal des Côtes-du-Nord.
Collége de Lannion (le directeur du).
Collége de Lannion (les professeurs du).
Contributions directes (les contrôleurs des).
Contributions directes (l'inspecteur des).
Coutalion-Trogoff, maire de Kermariasulard.
Carlon (les demoiselles), de Saint-Brieux.

Deloz, propriétaire à Pleumeur-Bodon.
Denoual, directeur des contributions directes.
Dequelen (le comte), sous-préfet à Guingamp.
Dequesne, propriét. à Lannion.
Desprez, receveur à Guingamp.
Dieuseveult, médecin à Tréguier.
Digaultroy, maire à Quintin.
Dinan (divers habitants de).
Dorléans, vérificateur des poids et mesures.
Duclension (Mme), à Lannion.
Duclesieux-Latinier, receveur général.
Dufresne-Legue, recev. à Dinan.
Dugarspern (le comte), propriétaire à Guingamp.

Dugouasneur-Duportal, maire à Tréguier.
Ellés, curé de Lannion.
Enregistrement (les directeurs, inspecteurs et receveurs de l').
Goyon (le comte de), préfet.
Guermarquer, à Lannion.
Guingamp (les habitants de l'arrondissement de).
Guyomar, maire de Guingamp.
Hamet, adj. au maire de Lannion.
Hannelais, notaire à Plamoet.
Hillion, sous-préfet à Loudéac.
Impositions indirectes (les employés des).
Impositions indir. (l'inspect. des).
Impositions indirectes (le contrôleur des).
Impositions indirectes (le directeur des).
Jabier, desservant à Brelevènes.
Kerigonan (de), à Lannion.
Kermariasulard (divers habitants de).
Kervegant (v^e), à Lannion.
Lannion (divers habitants de).
Lebever, maire de Tredarzes.
Ledanmat, desservant à S. Guen.
Legorrec, adjoint à Buhulien.
Licinene-Courson.
Loudéac (divers habitants de).
Lyonon-Belle-Issue, conseiller de préfecture.
Mahé, maire de Loudéac.
Maires (divers) de l'arrondissem. de Lannion.
Mendie, maire de Brelevènes.
Notaires de Lannion (la chambre des).
Ordre judiciaire de Lannion (divers membres de l').

MM.
Ordre judiciaire de Loudéac (divers membres de l').

Pasquiou, maire de Seuvenan.
Pasquiou, maire de Trévoux-Tréguignas.
Pasquiou, maire de Louannes.
Percepteurs (les) de Saint-Brieux.
Percepteurs (les) de Loudéac.
Percepteurs (les) de Guingamp.
Percepteurs (les) de Lannion.
Poids et mesures (les employés des).
Postes (les employés des) à Saint-Brieux.
Potier, maire de Saint-Guen.

Rion, curé à Tréguier.
Robion de Troguendy (veuve), à Lannion.
Rogon-Carcuradec, maire de Richelieu.

Roquefeuil, maire de Michely-Tréguier.
Rouillé, entrepreneur à Loudéac.

Saint-Brieux (les habitans de l'arrondissement de).
Saint-Pierre (le marquis de), chevalier de Saint-Louis.
Salion, adjoint à Seuvenan.

Tailland, secrétaire de la mairie à Loudéac.
Treveneur (le comte de), propriétaire.
Tribunal de 1re instance (les membres du) à Lannion.
Troguendy (de), adj. à Lannion.

Viennot, receveur particulier.
Viet, receveur de Loudéac.
Villecolvez-Hallenant.

DÉPARTEMENT DE LA CREUSE.

MM.
Ansonne, officier de santé à Gouzon.

Badère, percepteur.
Baraillon, ex-législat. à Chambon.
Bardère, à Boussac.
Barry, maire à Guéret.
Beaufils, percepteur.
Beaugier, chef de bureau à la préfecture.
Bellaigre, avoué à Chambon.
Berillon, secrétaire de la sous-préfecture à Boussac.
Bérenger (le chevalier de), sous-préfet à Boussac.
Betoulle, imprimeur à Guéret.
Beyrat, percepteur.
Bion, percepteur.
Blanchon, directeur de la poste d'Aubusson.
Blemy, contrôleur des postes à Guéret.
Boiron, maire à Chatelux.
Boizard, percepteur à Nouzerines.
Bollet (Mme), à Chatelux.
Bonhomme-Lajaumont, percepteur.
Bonhomme-Rodemont, percept.
Bonnet, notaire à Boussac.

Botté, huissier à Jarnages.
Boudachier (de), à Boussac.
Bourdon, sous-préfet de Boussac.
Boussac (divers habitans de).
Brunet, desservant.
Bussière fils, avocat à Gouzon.
Bussière, notaire à Gouzon.

Cadastre (les employés au).
Chanaud, employé chez le payeur du département.
Chantelot, huissier à Chambon.
Chassagne, greffier du juge de paix.
Chassoux, s.-préfet à Bourganeuf.
Chassoux fils, à Bourganeuf.
Chateaulaire (de), ancien subdélég.
Chemby, maire de Peyrat.
Chieffront (de), greffier du tribunal d'Aubusson.
Claustrier Elisabeth (Mme), à Saint-Loup.
Conseil municipal (le), de Guéret.
Contributions (les employés des).
Contributions (le directeur des).
Cornadet, à Chambon.
Coulandre, à Chambon.

Dallonville (le comte), préfet.
Darchis, étudiant à Boussac.

2

MM.

Darchis, receveur particulier à Boussac.
Daurioux, artiste vétérinaire.
Deboudachier, notaire à Jarnages.
Degeorges, adjoint à Aubusson.
Delabouriex, juge de paix à Chenerailles.
Delacelle d'Ajam (le marquis).
Delage, notaire à Ceyroux.
Delaribière, présid. à Aubusson.
Depuichard, à Jarnages.
De Saint-Genies, secrétaire général de la préfecture.
Desherbières, secrétaire général de de la préfecture.
Didier (Mme), à Bourganeuf.
Duhantier (le comte), à Auriot.
Dumazeau Gallet, juge à Aubusson.
Dupuis, receveur à Aubusson.
Dupuy, notaire à Chambon.
Durieux, percepteur à Gueret.

Emarquet, employé à Bourganeuf.
Enregistrement (le direct. de l').
Enregistrement (les employ. de l').

Fayolle, médecin à Guéret.
Fromental (le chevalier de), sous-préfet à Gueret.

Gendarmerie de Guéret (la).
Giry, notaire à Guéret.
Gilbert, percepteur.
Gougnon, médecin à Jarnages.
Grand, conseiller de préfecture.
Grand-Saigne de Ajasson.
Grillet, substitut.
Grozieux, notaire à Chambon.
Guéret. (Plusieurs habitans de)
Guillot, percepteur.

Hervet, huissier à Chambon.

Impositions indirectes. (le directeur des)
Impositions indirectes. (les employés des)

Jabin, percepteur à Gouzognat.
Jabin, huissier à Gouzon.
Jabin, maire à Gouzognat.
Joncillieton, conseiller de préfecture.

Létang, percepteur.
Lombard, maire d'Aubusson.
Louchon, maire à Bourganeuf.

Maire (le) de Guéret.
Martineau, juge.
Martinet père, à Jarnages.
Martin, greffier à Chenerailles.
Martin, huissier à Parsac.
Mathivat, huissier à Chambon.
Mazure, vicaire à Cluynes.
Maugeret, maire à Boussac.
Micheaux, juge de paix à Boussac.
Micheau, étudiant.
Micheau, maire de Chambon.
Michelet, conseiller de préfecture.
Mortesaigne, curé, à S. Gonnaud.
Motte, huissier, à Jarnages.
Mourillon, notaire, à S. Loup.

Narbonne, juge de paix, à Boussac.

Paroué, avoué au tribunal de Chambon.
Parouty, avoué, à Chambon.
Parouty, étudiant à Chambon.
Péron (v^e), à Chambon.
Peronneau (le baron de), conseiller à la cour royale.
Perichon, adjoint, à Chatelux.
Perret, caissier du receveur général.
Peynard de Salac, percepteur.
Peyrot, percepteur.
Peyrot, avocat.
Pierot, notaire, à Boussac.
Pineau, à Jarnages.
Pollier, percepteur.
Porcher (Mme), à Boussac.
Prieur, percepteur.

Raimond, percepteur, à S. Loup.
Remy, sous préfet, à Aubusson.
Roque, à Jarnages.
Roque père, à Jarnages.
Roudeoux, juge de paix, à Jarnages.

Sartin, percepteur.
Sarvy, avocat, à Bourganeuf.
Stikilium, (Mme) à Chatelux.
Soubrebon (de), à Bourganeuf.
Southon, percepteur.
Sudre, curé, à Jarnages.

Tardy, notaire, à Chambon.
Termelier, prép. du pay. général.

MM.

Texonière, maire de S. Martin-Ste-Catherine.
Thomas, greffier, à Jarnages.
Tixier, receveur, à Bourganeuf.
Trihord, procur. du roi, à Aubusson.
Trébuchet, notaire, à Boussac.
Tribunal civil (le) de Chambon.
Tribunal civil (le) de Bourganeuf.
Trocaz, premier commis de la recette générale.

Varambon (de), recev. général.
Vauvret, greffier, à Chambon.
Vauvret (Roch), à Boussac.
Velleaud, notaire, à Soumans.
Vergne, maire, à Augère.
Vergne, directeur de la poste, à Guéret.
Vestadier, maire de Chénerailles.
Villard, percepteur, à Bourganeuf.

Yvernaud, percepteur.

DÉPARTEMENT DE LA DORDOGNE.

MM.

Bastide (v^e), propriétaire à Tocanne.
Bonet de la Chapoulie, receveur particulier, à Riberac.
Bordas, percepteur.
Bornet, percepteur à Neuvic.
Braches, percepteur.

Cabrol, propriétaire à Chanterac.
Carcanzon, percepteur.
Carrier, percepteur à S. Martial-Viveyroles.
Catinaud, curé à S. Aulaire.
Corlier (Mme), propriét. à Celles.
Cristy, percepteur.
Cruches (Mme), à S. Aulaire.

Descachra, prêtre, à S. Aquilin.
Desgraviers (Mme), à Saint Aulaire.
Desmaison, percepteur.
Dubesset Dufresne, maire à Tocanne.
Dujarie, percepteur.
Duvigneau, percepteur.

Farjeot, substitut du procureur du roi, à Riberac.
Farjeot, directeur de la poste à Riberac.
Fayolle, percepteur à Riberac.
Foucault (de), chev. de S. Louis, à Celles.
Fourton, maire, à Celles.
Froidefond du Châtenet, receveur général du département.

Gaillard, percepteur à S. Aquilin.
Galaup, sous-préfet à Riberac.

Guérin, percepteur.
Garreau, percepteur.

Labonne, percepteur, à S. Vincent Connosac.
Labonnes, médecin à Celles.
Lafond, curé à Celles.
Laroche, percepteur.
Larouze, maire à S. Aquilin.
Leberthon, suppléant du juge de paix à Saint-Aulaire.
Léonardon, percepteur.
Lespinasse, percepteur.
Loge de Henri IV (la), à Périgueux.
Loge des amis réunis (la) de Périgueux.

Mellet (Mme de), propriétaire à Neuvic.

Patronni de Grandillac, maire à Saint-Martial-Viveyroles.
Pavy, percepteur.
Planteau, percepteur.
Pommier, percepteur à Auriat.
Pommier, percepteur à Mussidan.

Rambeau, percepteur à Mussidan.
Rambaud, propriétaire à Neuvic.
Rigal, percepteur.

Simon, propriétaire à l'Hopital.
Souffrey (Mme), à Saint-Aulaire.

Teyssières, maire à Saint-Paul.

Vauvielle, percepteur.

2.

DÉPARTEMENT DU DOUBS.

MM.

Besançon (deux anonimes de).

Conservation des forêts (MM. les conservateurs, agens et employés de la).

Estroys (J. P.), ancien négociant.

Grenier, entrepr. à Besançon.

La Borey, receveur particulier de l'arrondissement de Pontarlier.

Loge de la constante Amitié de Besançon (la).

Receveur général (le) et ses employés.

Receveur général (le) pour divers habitans.

DÉPARTEMENT DE LA DRÔME.

MM.

Achard, receveur général.
Arsac, percepteur.

Bayle, receveur au Buis.
Blachette, payeur du département.
Blanc, percepteur.
Blancard, juge de paix à Loriol.
Boissière (de la), sous-préfet à Montélimar.
Bonfils (de), sous-préfet à Nyons.
Brachet, percepteur.
Brochery, président du tribunal à Nyons.
Brusset, percepteur.
Buix, percepteur.
Buys, receveur de l'enregistrement à Saillans.

Chaix, percepteur des contributions à Crest.
Curnier, percepteur.

Decolombe, percepteur.
Descorches (le marquis), préfet.
Dubouchage (le comte), préfet.

Fagnot, receveur à Montélimart.
Fauvin, entreposeur des tabacs à Nyons.
Français, directeur des impositions indirectes.

Gleize, percepteur.
Gogo, inspecteur des postes.
Gontard, percepteur.

Kern, à Montélimart.

Lambert, receveur à Montélimart.

Massard (de), inspecteur de l'enregistrement.
Mayon, receveur à Chabenil.
Monicault, directeur des postes.
Morel, vérificateur de l'enregistrement à Die.
Morencis, percepteur.
Mollet, receveur de l'enregistrement à Crest.
Muiron, inspecteur de l'enregistrement.

Quinque, vérificateur à Romans.

Rambault, recev. particul. à Die.
Receveur général (le), pour divers habitans.
Regnier, percepteur.
Robin, directeur de l'enregistrement.
Roubaud, percepteur.

Saisse, percepteur.

Tane, receveur à Grignan.
Tournade, receveur de l'enregistrement à Valence.

Verdet, receveur particulier à Nyons.
Vignon, receveur à Saint-Donat.

DÉPARTEMENT DE L'EURE.

MM.

Beffera, notaire et maire à Illiers.
Bihorel, notaire à Passy.
Bosquier, percepteur à S. Pierre-de-Cormil.
Boutry, ancien directeur des contributions à Evreux.

Capelle (Eloi), receveur à Bernay.
Charles, électeur du département.
Curé de Beauvoir (le).
Curé de Semesnil (le).

Delamarre, prêtre à Pont-Audemer.
Deschamps, avoué.
Desolère (le comte) secrét. génér.
Desperruches, à Passy.

Fillette, architecte à Louviers.

Gazzin, receveur général.

Lebouleur (Mme), propriétaire à Houssemague.
Leroy-Dumesnil, à Vernon.
Lesage, docteur en médecine.
Letourneux (le comte), maire à Mariners.
Lhopital, direct. des droits réunis.

Loge des francs-maçons de l'Orient de Pont-Audemer (la).
Martel, propriétaire à Breteuil.
Menneval (la commune de).

Neufville-Chretien (de), chevalier de Saint-Louis à Evreux.
Percepteurs de l'arrondissement Bernay (les).
Percepteurs de l'arrondissement de Louviers (les).
Percepteurs de l'arrondissement d'Evreux (les).
Pluchart, recev. à Pont-Audemer.
Pont-Audemer (divers souscripteurs de).

Renault, juge de paix à Vernon.

Saint-Grégoire (la commune de).
Saint-Victor (de), contrôleur des contributions à Pont-Audemer.
Savary, propriét. à Pont-Audemer.
Sepmeuville (la baronne de), à Evreux.
Sepmeuville (le baron de), à Evreux.

Talon, maire à Laroque.

DÉPARTEMENT D'EURE-ET-LOIRE.

MM.

Aillet, propriétaire.
Anquetin, curé à Souemé.
Aubé, à Montigny.

Barbet, à Montigny.
Baraguay-d'Hilliers (la comtesse de).
Barré, procureur du roi à Châteaudun.
Barré, secrétaire général de la préfecture.
Barot, à Montigny.
Bellanger, notaire.
Binard, à Montigny.
Bire, cultivateur.
Boisseau, à Bazoches.
Boissy, à Nogent.
Boivin, maire à Maisons.

Boquestant (le marquis de), maire du Boulay-Thierry.
Bottin, cultivateur.
Bouché, à Montigny.
Bouvet, notaire.
Brizot, à Montigny.
Butaut, receveur de l'enregistrem.
Butel, propriétaire.

Chabugé fils, menuisier.
Charles, vicaire.
Charpentier, cultivat. à S. Priest.
Charrier, percepteur.
Chauvin, notaire à la Loupe.
Chemin, à Montigny.
Chevalier, propriétaire.
Chevrin, maire à Montigny.
Clairet, à Montigny.

(22)

MM.
Claye, procureur du roi à But.
Claye (Menard).
Corpentin (Jean).
Corpentin (Philibert).
Couturier-Saint-James, propriét.
Croismard (le comte de).

Dales, propriétaire.
Darmeneau, à la Loupe.
Dartigny-Poulain, propriétaire.
Dattin, juge.
Deraze, receveur général.
Deuxevêcœur, propriétaire.
Delabrouerre, receveur général.
Delaborde, maire à Saint-Clipt.
Delacroix-Frainville, sous-inspecteur à Chartres.
Delauvay, procur. du roi à Gilles.
Delion, notaire à Soure.
Demaigné ainé, à Bazoches.
Demaigné jeune, à Baroches.
Denis, procureur du roi à Nogent-le-Roi.
Denis (v^e).
Desbrosses-d'Englesqueville (mesdemoiselles), à Dreux.
Desnoyers, à Nogent.
Després de Fains.
Devalles de Rouvray.
Dorgères (v^e).
Duchesne, à Montigny.
Dulaurent, curé à Beaumont.
Durand, maire.
Duroure (le vicomte).
Duroure (le comte), propriétaire.
Dutillet (v^e), propriétaire.
Duval, haranger.

Ergot, à Montigny.

Fauchais de la Faucherie, maire à Bror.
Febvrier, notaire.
Fergon, adjoint.
Ferrand, inspect. des contribut.
Fleury, procureur du roi.
Foisy-Tremont, à Chartres.
Forestier, inspecteur des forêts, à Dreux.
Fremeuges (v^e), à Montigny.

Gauchereau, menuisier.
Godard, à Montigny.
Gougé de Montrel, à Montigny.

Goupy, receveur de l'enregistrement à Brezolles.
Grou, cultivateur.
Guerinot de la Forêt, maire d'Aron.

Hallier, juge.
Havard, à Montigny.
Hubert, à Montigny.
Hustey, à Montigny.

Jaumon, directeur des contribut.
Jolly de Nivers, juge de paix à Bron.
Jouscau-Lanoue, propriétaire.
Jousse, maire à Saint-Priest.
Julien, employé de la préfecture.
Jumeau, propriétaire.

Langlois, à Montigny.
Laurent, à Montigny.
Lavie, à Montigny.
Leduc, conservat. des hypothèques.
Lécuyer, chevalier de Saint-Louis.
Lefebvre-Dumurier, juge.
Lequette, propriétaire.
Lerendu, propriétaire.
Lesourd, cultivateur.
Levêque, à Montigny.
Lion, adjoint.
Lorville Hue, propriétaire.

Marceau, sous-préfet.
Marnon, à Montigny.
Maugars, payeur.
Maugars, percepteur.
Mercier, à Bazoches.
Merville, à Montigny.
Molard, maire à Saint-Eman.
Mongredieus, à Montigny.
Moulinet-Petitjean, à Montigny.
Moulinet (François), à Montigny.
Moulinet (Jean), à Montigny.
Nion, à Montigny.
Noailles (de), s.-préfet à Chartres.
Noailles (le comte de), propriétaire à Maintenon.

Olivier (v^e), propriétaire.
Oudard, maître de postes.

Pailbart, direct. de l'enregistrem.
Paillart jeune, recev. de l'enregistr.
Pelletier, à Montigny.
Petit, à Montigny.
Pichon, maître de postes.

(23)

MM.
Pontoi, à Villebon.
Pradine, recev. à Château-Dun.
Raucher (le c^te de), à Montdétour.
Robton, à Authon.
Rocque, percepteur à Montigny.
Roques, à Montigny.
Rotrou, maire de Dreux.
Rouillé-d'Orfeuil, préfet.
Roussel, cultivateur.

Saunois, à Montigny.
Savary, chevalier de Saint-Louis.
Segouin, à Bazoches.
Seigneur, à Montigny.
Séjourné, percepteur.
Simon, à Montigny.

Simon, juge de paix.
Soudée, cultivateur.

Tastemain, juge de paix à Senonches.
Tastemain, notaire.
Terrier, ingénieur du cadastre.
Texier, ancien chanoine.
Tillionbois, juge de paix à Bre-
   zolles.
Touche, maire à Clayes.
Trignon, cultivateur.
Truvers-Labretèche, à Nogent.
Turin (de), maire.

Vallet, propriétaire à Chartres.
Villetreux (de), ancien conseiller.

Yauthier, cultivateur.

DÉPARTEMENT DU FINISTÈRE.

MM.
Abella père, adjoint à Plonidec.
Abjean, secrétaire de la mairie, à
   Plonidec.
Abjean, adjoint à la mairie de Plo-
   nidec.
Abrial (le baron), préfet.
Arnaud, rentier à Plouvain.
Aubeirac, percepteur à Brest.
Augustin, contrôleur à Quimperlé.

Bazil, professeur à Landedu.
Bazil, percepteur à Lannidert.
Bernirot, curé desservant à Plou-
   vain.
Bizien, percepteur.

Calvez, à Planguerneau.
Carréré, cultivateur.
Cauzic, maire à Beye.
Chambre du Vespres (les membres
   de la).
Cintré (de), préfet.
Clourec, desservant.
Conseil municipal de Plonidec (les
   membres du).
Courtois, percepteur.
Cramoizy, percepteur.
Cressoles, maire de Dirnion.

Debonnegens, sous-préfet à Quimperlé.
De Koualan, percepteur à Quimperlé.

De Poulpiquet, maire à Planguer-
   neau.
Derrien, conseiller de préfecture.
Dubois-Guehenerc, receveur par-
   ticulier à Quimperlé.
Dubuisson, chirugien.

Foricher, adjoint.

Henri, curé à Quimperlé.

Labiche, inspecteur aux revues.
Laville-Marquet, propriétaire à
   Quimperlé.
Lebihan des Garennes, maire.
Leborgne, notaire à Guiparac.
Leflot-Agathon, percepteur.
Leloutre, vicaire.
Lemarié-d'Aubigny, propriétaire à
   Quimperlé.
Lenveu, maire à Plonidec.
Lerouge-Ruzuman, propriétaire.
Lesavut, cultivateur.
Loge (la) du repos du lion, à Brest.

Madec, maire à Plouvain.
Marion, percepteur.
Mazure, caissier du payeur de la
   marine de Guipavac.
Michel, imprimeur à Brest.
Moreau, percepteur à Brest.
Morvan, percepteur.
Moullic, curé à Clohars.

MM.

Paisi-Kampoil, maire à Lamartyre.
Pennandref-Klauson (de), maire de Flouvin.
Perron (Henri), cultivat. à Tremezin.
Prigent (François), secrétaire à Klouan.
Prigent-Tonguy, maire à Klouan.

Ridar, gref. de la just. de paix à S. Pol.

Rion, desservant à Gisseny.
Rondant, desservant à Saint-Frezons.
Rucard, percepteur.

Saint-Drident (Rousseau), maire à Tremezin.
Sauvinet, receveur général.

Vignioboul fils, percepteur.

DÉPARTEMENT DU GARD.

MM.

Aurillon, receveur à Allais.
Alby.

Baerly, employé à Allais.
Barollière, receveur général.

Domergue, premier commis du payeur-général.

Loge des francs-maçons, à Bagnoles (la).
Loge de la parfaite union du Saint-Esprit (la).
Lépine (de), officier au Vigan.

Larrey, chirurg. en chef des hôpit.

Piégre (le baron).
Pinel, profess. au lycée de Nîmes.
Pœssac (de), administrat. des hospices.
Poussielgue, payeur général.

Raynal, proviseur du lycée.
Roland, administrateur.
Rolland (le baron), préfet.
Roubel, inspecteur des forêts.

Serres, receveur des domaines.

DÉPARTEMENT DE LA HAUTE-GARONNE.

MM.

Alzier, curé de Lévignac.
Azemis, à Toulouse.
Clauzade, ingénieur en chef des ponts et chaussées.

Delatour-Mauriac (le baron), conseiller à la cour royale.
Delga, docteur en chirurgie.

Guérin, caissier du recev. général.

H. de Saint-R., de Toulouse.

Lebret, avoué à Toulouse.
Lefebvre, recev. municipal à Toulouse.

Marragon, receveur général.

Pranger, receveur général par *interim*.

DÉPARTEMENT DU GERS.

MM.

Aganon, percepteur.
Azenne, à Laymont.

Balas, à Laymont.
Barré, à Laymont.
Bergeret, percepteur.
Binet, à Laymont.
Bonnecaze, receveur.

Caravel (le chevalier de), sous-préfet du 2e arrondissement.
Carde, avoué à Mirande.
Cassassoles, sous-préfet.
Colouré, percepteur.
Cridel, percepteur.

Delagrange, provicaire.

(25)

MM.
Destieux, médecin à Auch.
Drouillard, receveur particulier.
Duprat, magistrat.
Dupuy, à Laymont.
Dusercle, receveur de l'enregistrement à Lombez.

Filhol, avocat à Auch.
Fuzier, adj. au maire de Cadeillan.

Gaujac-Marcelier (de).
Gaujac (la commune de).
Gittard, percepteur.

Labat, commis à la recette d'Auch.
Lacaze (la commune de).
Laerle, maire de Montamant.
Lagrange, percepteur.
Lamarque, percepteur.
Lebé, ancien préfet.
L'Ille-Jourdain (la commune de).

Mas, receveur.
Moignard, à Laymont.
Montagut (le comte de), préfet.
Montblanc (la commune de).

Pervencher, receveur.
Pouzol, receveur particulier.
Puymirol (de), chevalier de Malte.

Ravel, à Laymont.

Saint-Antonio, percepteur.
Savignac, percepteur.
Scultez, membre du conseil.
Senton, percepteur.
Simois (la commune de).

Tirroy, percepteur à Laymont.

Viau, à Laymont.
Vidaud, conservateur.
Villefranche (la commune de).

DÉPARTEMENT DE LA GIRONDE.

MM.
Aimé, notaire, à Bruges.

Bourson Chrion, sous-préfet.
Bussy (de).

Cadaujac (la commune de).
Cantenat (la commune de).
Carbon blanc (les habitans du canton de).
Cassagne, maire de Blesignac.
Contributions directes de l'Esparre (le receveur particulier des).
Créon (la commune de).

Damas, colon de Saint-Domingue.
Deynam, trésorier de Mgr le duc d'Angoulême.
Ducan, notaire, à Podensac.

Guy, maire de Contenac.
Guymps (le baron de), maire de Meurignac.

Impositions indirectes de Blaye les employés des)

Johnston, négociant, à Bordeaux.

Labat.

Larrière, pour son arrondissement.
La Teste (la commune de).
Lestelle, maire de Saint-Romain.
Loupiac (la commune de).

Maillères père, à Bordeaux.
Maillères fils, à Bordeaux.
Marcellus (le comte de).
Margaux (la commune de).
Meynié, pour son arrondissement.
Mus.

Percepteur (le) de Cars.
Percepteur (le) de Legadon.
Préfecture (les employés de la).

Queussac (de), maire de Landeras.

Receveurs (les) de Bazas.
Receveurs (les) de la Réole.
Receveurs (les) de Libourne.
Receveurs (les) de Blaye.
Roux, notaire à Pouillac.

Saint-André (la commune de).
Salafon, direct. des contributions.
Sallu (la commune de).
Sollié, secrétaire de la sous-préfecture de l'Espane.

MM.
Soulié père, notaire, à Castres.
Soulié fils, à Castres.
Souscripteurs (divers) de Créon.
Souscripteurs (divers).
Sous-préfet de l'arrondissement de l'Espane.

Soussans (la commune de).
Tournon (le comte de), préfet.
Valzunée (le baron de), préfet.
Verdier, juge-de-paix.
Walter, négociant à Bordeaux.

DÉPARTEMENT DE L'HÉRAULT.

MM.

ALGER Xavier, de Montpellier.
Anonime (un) de Béziers.

Beaculaire, secrétaire greffier à Clermont-l'Hérault.
Bebury, propriétaire à Nebian.
Béloury fils, propriétaire à Nebian.
Belons, percepteur à Clermont-l'Hérault.
Beneyteau, receveur de l'enregistrement à Clermont-l'Hérault.
Bessières, maire de Gabian.
Boyer, instituteur à Saint-André.
Bridant, contrôleur ambulant à Béziers.

Cabanat, propriétaire à Nébian.
Cabrié, desservant à Gabian.
Chaliez, propriétaire à Nébian.
Cour royale de Montpellier (les membres de la).
Croyate, percepteur de Clermont-l'Hérault.

Darde, maire de Villeneuve.
Desgaret, sous-préfet à Lodève.
Despons, maire de Nébian.
Despont, receveur général.

Fournier, sous-préfet à Béziers.

Gazagne fils (MM.), négocians à Beaurille-de-Putois.
Gazagne (Mme veuve).
L'Entherie-Delatour, propriétaire à Clermont-l'Hérault.
Lugagne Jourdan.
Lugagne Delpont, fabricant à Clermont-l'Hérault.
Marreau née Flotté, (Mme), à Clermont-l'Hérault.
Marquer, juge de paix à Clermont-l'Hérault.
Martin, maire de Clermont.
Molinos, président de l'Eglise réformée, à Lunel.
Monetier, propriétaire à Clermont-l'Hérault.

Nébian (divers habitans de).

Ponts et Chaussées (les ingén. des).

Rey, notaire à Clermont-l'Hérault.
Rouquet (Pierre) fils, propriétaire à Clermont l'Hérault.
Roussel, ingénieur.

Sirques, adj. à la mairie de Gabian.

Viennot fils, receveur.

DÉPARTEMENT D'ILLE-ET-VILAINE.

MM.

ANONIME (un) de Monfort.
Arnaud, contrôleur de ville, à Saint-Servan.
Avoués (les) de Saint-Malo.

Bardon (Mlle), propriétaire, à la Guerche.
Barron, percepteur.

Baymé, sous-préfet à Redon.
Beaulieu, percepteur.
Bégasse, percepteur.
Bessaiche, empl. au mag. des tabacs.
Betin, commis ambulant, au magasin des tabacs.
Boissard, commis ambulant, au magasin des tabacs.

MM.
Boisson, commis à pied.
Bois-Martel, percepteur.
Boisgarein, garde-magasin, à Saint-Malo.
Bonnaire (le baron), préfet.
Bonniere de la Fortinière (la veuve), à Rennes.
Boyvent, percepteur.
Breteau de la Guéretière, curé de Saint-Martin.
Brice, percepteur, à Noyal-sur-Vilaine.
Brichet, commis à pied.
Brossard, notaire, à Lœminé.
Brunet, commis à pied.

Celevreur, inspect.-gén. des contributions directes, à Rennes.
Chauvin, commis ambulant, au magasin des tabacs.
Charnier, receveur à pied, à Saint-Enogat.
Chedemail, propriétaire, à Piré.
Cherfosse (de), conseiller de préfecture.
Clément, percepteur
Colas, percepteur.
Colmache, receveur de l'octroi.
Coppale, percepteur.
Coupé, percepteur,
Coutard, percepteur.

Danyeau, receveur, à Saint-Malo.
Dein, percepteur.
Delagrandice, adjoint municipal à Rennes.
Délahaye, percepteur, à Livré.
Delavilleane, receveur de l'octroi.
Deromaigné, percepteur.
Descredavy, percepteur à Gevezé.
Desprez, percepteur.
Droits réunis (les commis adjoints des).
Droits réunis (les receveurs à cheval des).
Drouard, propriétaire à Laguerche.
Dubourdin, percepteur.
Dubois-Berthelot, contrôleur.
Dupett-Thouars, sous-préfet à Saint-Malo.
Dupille, contrôleur principal à Redon.
Durand (Mlle), propriétaire à Laguerche.

Farcy de Malnoë, propriétaire à Saint-Christophe.
Fecelier, percepteur.
Ferrand, commis à cheval.
Ferret, receveur à cheval.
Fleury, suppléant du juge-de-paix, à Hesdé.
Furtière, commis à pied.

Garon, commis à pied.
Gautier, percepteur.
Gautier, contrôleur principal, à Saint-Malo.
Gengoult, sous-préfet, à Montfort.
Girardin, percepteur.
Gontier, rentier à Argentières.
Gotrot, percepteur.
Gournaud, percepteur.
Gourbin, commis à cheval.
Gournait, commis à pied.
Granval, receveur principal.
Guérin, percepteur.
Guérault, percepteur.
Guynot, receveur, à Montfort.

Hardouin, percepteur.
Hautré percepteur.
Havard, percepteur.
Hazard, percepteur.
Helye, percepteur.
Héron, percepteur.
Hermon, commis à pied.
Hévin, receveur à Vitré.
Hodouin, commis à cheval.
Hurel, percepteur, à Vence.

Indicilly, direct des droits réunis.

Jamault, employé au magasin des tabacs.
Jansions, receveur, à Rédon.
Jaunay, maire de Rhétiers.
Jolivet, percepteur.
Joreot, percepteur.
Juhel, receveur municipal à Dol.
Jumelais, percepteur.

Kolb (Jacob), négociant à Rennes.

Labbé, percepteur.
Lacombe de Villers, contrôleur de ville à Saint-Malo.
Lanoix, commis de l'octroi.
Langée, receveur à cheval.
Larvenant, à Saint-Ouen.

(28)

MM.

Lebeau, commis à pied.
Lebourg, commis de l'octroi.
Lechelle, receveur à Redon.
Lecoq, percepteur.
Ledoyen, percepteur.
Lemengonet, entreposeur particulier à Saint-Malo.
Lesport, commis à pied.
Liron, percepteur.
Louis, recev. municipal à Rennes.

Malherbe le jeune (le chev. de), à Rennes.
Marière, commis à pied.
Marcillé, percepteur.
Mareille, juge de paix à Laguerche.
Marchand (le), percepteur.
Marchand (le), commis de l'octroi.
Marchand (le), percept. à Dengé.
Maréchal (le), recev. particulier à Saint-Servan.
Mellet, commis à pied.
Merault, commis à pied.
Milot, percepteur à Rennes.
Moison, receveur de l'octroi.
Montboucher, commandant la cohorte urbaine à Rennes.
Moriceau, receveur à Fougères.

Perrigault, inspecteur des droits réunis.
Perrin, chirurgien à Hédé.

Philouze, percepteur à Milène.
Pinot, percepteur à Hédé.
Pivert, percepteur.
Poinçon, percepteur.
Poinçon, receveur à cheval.
Pontallié, directeur des contributions directes.
Poulain, commis à pied.

Renon, commis de l'octroi.
Ross, directeur de spectacle.

Saget, recev. principal à S. Malo.
Salmon, percepteur.
Serizier, percepteur.
Silmon, percepteur.
Teillayes (de), propriét. à Availles.
Théolière, percepteur.
Thomas, percepteur.
Titon, curé à Laguerche.
Toustain, recev. général à Rennes.
Tremaidon (de), entreposeur particulier.
Tribunal de 1re instance à S. Malo (les membres du).
Turins, percepteur.

Vallée, commis à cheval.
Vatar, percepteur.
Vauquelin, procureur du roi à Redon.
Vergennes (le comte de), s.-préfet à Vitré.

DÉPARTEMENT DE L'INDRE,

MM.

Adjoints de Châteauroux (MM. les).
Anonimes (deux).
Anonimes de Saudry (plusieurs).
Armand (François).
Azémar, marchand à Vatan.
Aulard, receveur municipal à la Châtre.

Barbumais (le marquis de), à Châteauroux.
Bataille de Monferrand, juge de paix à Vatan.
Baudet Desperreine.
Beaufort, contrôleur des contributions à la Châtre.
Bernard, juge suppléant au Blanc.

Bernard, substitut du procureur du roi, au Blanc.
Betoland, maire et notaire à Saint-Benoist.
Blanchard, curé à Vatan.
Boirat (veuve).
Boucheran, huissier à Issoudun.
Bourdeau-Fontenel, député et maire à la Châtre.
Bourdillon fils, à Châteauroux.
Bourdillon, contrôleur à Châteauroux.
Brunet.

Caigniard, membre du conseil d'arrondissement à Vatan.
Caignault, commandant la garde nationale de Vatan.

MM.
Caignault, greffier à Vatan.
Caignault, adjoint à Vatan.
Chanteloup, secrétaire de la mairie à Tournon.
Chapt, maire et not. à Tournon.
Chardon Guillaume.
Chenet, receveur des domaines à Vatan.
Collin de Sauvigny, maire au Blanc.
Commissaire de police de Châteauroux (le).
Conseil mun. de Châteauroux (le).
Conté Paumelle.
Conté, veuve Henry (Mme).
Contributions indirectes (le directeur des).
Contributions indirectes (les employés des).
Cusinat Chaumette.

D*. C*. à Issoudun.
Daiguzon, percepteur.
Dautun, receveur des contributions indirectes à Vatan.
Dauvergne Dumesnil, maire à Luçay-le-Mâle.
Default aîné.
Delage Durie.
Delagrave (Mademoiselle).
Delagrave, notaire.
Delaleuf, recev. gén. du départ.
Delasalle (le chevalier), sous-préfet au Blanc.
Delestang.
Delorme, dir. de la poste à Vatan.
Delorme, notaire à Vatan.
Delorme, membre du conseil d'arrondissement à Vatan.
Delorme frères, marchands.
Delouche.
Demoussy, percepteur à Chouday.
Deschaumes aîné.
Deschaumes (Mlle).
Descottu (Aubert), médecin.
Desjobert, sous-préfet à la Châtre.
Desvennes, mercier, à Argenton.
Dodu, secrét. de la mairie, à Vatan.
Dubois, juge au tribunal au Blanc.
Dubost de Gargilesse, d'Argenton.
Duchenet, percepteur, à Vatan.
Duhail.
Duhail, avocat.
Dupertuis, receveur.
Durivier, adjoint.

Fassardy (de), cons. de préfecture.
Fourcault de Pavan (v^e).
Fourcault Pavan.
Fravasson Madeleine (Mlle).

Génitoux, mercier.
Gentil (Henri).
Godefroy, mare à Vatan.
Lamoureux de la Génetière, directeur des contribution indir.
Larchevêque, huissier à Issoudun.
Lassimouve père, employé à la préfecture de Châteauroux.
Lecomte-Villon, percept. à Vatan.
Legout, inspecteur des contribution à Châteauroux.
Lelarge, percepteur à Lignas.
Lepeintre, directeur des contrib.
Lorret (Nicolas)

Mainguaud Gabriel (v^e).
Maire (le) de Châteauroux.
Martin, notaire à Vatan.
Menu, vicaire au Blanc.
Mercier Desvannes, receveur municipal à Lémenoux.
Michelot, maire à S. Denis de Jouchet.
Moreau, conseiller de préfecture.
Moreau (Pierre), curé.
Moulin (Collin), empl. à la rec. gén.

Naraïe Duverger, percepteur à Argenton.

Paillette, receveur particulier des contributions indirectes.
Papet, maire à Louronnes.
Pataud, huissier.
Perrot Delaage.
Peyrot Mars.
Piot, vicaire à Vatan.
Poisson (Pierre).
Porcher de Lissonay, curé à la Châtre.
Pouria.
Préfecture. (les conseillers de)

Receveur municipal de Châteauroux. (le)
Reigner, percepteur à Marigny.
Riberé Desgardes. (de)
Robert, juge de paix.
Robin.

(30)

MM.
Robin de la Ronde, entreposeur de tabacs à la Châtre.
Robin Savole (v^e).
Robin Duvernet, (le chevalier) receveur particulier à la Châtre.
Roland Barthélemy.
Rollenat.
Rollenat (v^e).
Rostain (J. B.)

Savole (Robin), maire d'Argenton.
Serigne des Marais, huiss. à Issoud.

Thabaud-Claverolles, conseiller de préfecture.
Thomas Latouche (v^e).
Tribunal de 1re instance de Châteauroux. (les membre du)
Trotignon, vérificateur des poids et mesures à la Châtre.
Turquie (Philippe).
Turquie.

Valenciennes (de)
Vérigny (de), préfet.

DÉPARTEMENT D'INDRE-ET-LOIRE.

MM.
ADMINISTRATION (divers emp. de l').
Astier (le chevalier).
Avoués (les).

Bagneux (de), président à Chinon.
Barilot, commissaire des poudres.

Cartier-Champoiseau.
Chambray (le comte de).
Contades (le marquis de).
Contributions directes (les employés des) à Sainte-Mame.

Decormenin, ancien maître des comptes.
Desuric, membre du conseil gén.
Deville, receveur à Chinon.
Domaine (le directeur du).
Domaine (les employés du).
Doucet, négociant.

Fournier, receveur des contributions à Tours.

Guyot, notaire.

Harambure (le baron d').
Harambure (v^e d').

Jahan, maire de Richelieu.

Laboussière de Beaumont (le comte de), à Tours.
Leslat, receveur.
Luce, receveur général.

Maillard (v^e Tardif), à Tours.
Maire (le) de Tauxigny.
Mauroy (Mlle de), buraliste de loterie à Tours.
Montineau, maire de Saint-Mame.

Notaires (les) de Tours.

Percepteurs (les deux) de l'arrondissement de Tours.
Percepteurs (les autres) du département.
Peyrusse, receveur général.
Propriétaires (divers).

Rose (Abraham), frères.
Rouvray (de), juge de paix à Fremilly.
Ruffray (le chevalier de), maire de Montbazon.

Société (la) de lecture de Loches.
Société (la) de médecine de Tours.

Tribunal civil (les membres du).

DÉPARTEMENT DE L'ISÈRE.

MM.
DUPERRON, ancien bâtonnier des avocats de Grenoble.
Durand fils, gantier à Grenoble.
Dusser, desservant à Ollemont.

Fourrier, ancien préfet.

Giroud, receveur général.

DÉPARTEMENT DU JURA.

MM.

Amondru, juge à Dôle.

Bailly, percepteur.
Bechet, secrét. gén. de la préfecture.
Becle, percepteur à vie.
Boichet, percepteur.
Boichet, contrôleur des contributions à Brans.
Boisseaux (de), percepteur à vie.
Blandeau, percepteur.
Bonnard, percepteur.
Bouillaud aîné, employé à Lons.
Bouillaud cadet, employé à Lons.
Bouilles, officier de louveterie, maire de Casancy.
Bouiller, percepteur.
Bourdon, percepteur à vie.
Bouvier, percepteur.
Breton, suppléant à Dôle.
Brenaud, percepteur.
Broch, suppléant à Dôle.
Brochard, juge honoraire à Dôle.
Bulle, président du trib. civil à Dôle.

Cattau, procureur du roi.
Chaffort, percepteur.
Chagrot, percepteur à vie.
Charre, percepteur à vie.
Chauvin, greffier du juge de paix à Champagnole.
Chavin, penduliste à Morey.
Cler, percepteur à vie.
Cler (Louis), caissier du Jura, à Lons-le-Saulnier.
Clergé Saint-Léger, conseiller de préfecture à Lons-le-Saulnier.
Commoy, receveur.
Cordier, percepteur à vie.
Courbet, payeur du Jura à Lons.
Courbet, percepteur.
Curé, percepteur.

Danet fils.
Delacroix, percepteur.
Delacroix, percepteur à vie.
Delandes, receveur particulier à Dôle.
Deleschaux, percepteur.
Demouthiers, percepteur à Dôle.
Desgouilles, notaire à Lons.
Donneux, percepteur.
Ducarrois, percepteur à vie.

Etenard (Mme d'), propriét. à Dôle.

Febre, magistrat.
Forêts (les employés de l'inspection des).
Fredevaux, percepteur à vie.
Futin, percepteur à vie.

Gacon, sous-préfet à Saint-Claude.
Gadriot, procureur du roi à Dôle.
Garnier, maire de Dôle.
Garnier (Mme), à Dôle.
Gerbet, percepteur à vie.
Germain, conseiller de préfecture à Lons.
Gerrier, conseiller de préfecture à Lons.
Grand-Perrin, direct. de la poste aux lettres à Morey.
Grand-Perrin, percepteur.
Grenier-Colladon, commissaire à Morey.
Guiard, percepteur à vie.
Guishad, juge du tribunal civil à Lons.
Guiller, percepteur.
Guyon, recev. particul. à Poligny.

Henry, percepteur à vie.
Huet, substitut à Dôle.

Janet, percepteur.
Javel-d'Agay, propriét. à Dôle.
Jobard, propriétaire à Dôle.
Jobay fils, maire.
Joliclerc, percepteur.
Joly, imprimeur.
Junet, juge de paix à Champagnole.

Lacroix, notaire.
Lavé, notaire à Moiney.
Lesvêque, percepteur à vie.
Loge du Val-d'Amour (la).
Louvrier, percepteur à vie.
Lubin, percepteur.

Magdelaine (Louis), suppléant à Dôle.
Magdelaine, juge audiencier à Dôle.
Mairot, propriétaire à Dôle.
Maratray, inspecteur des forêts.
Mareschal, receveur municipal à Poligny.

MM.
Maudrillon, membre du conseil municipal à Morey.
Mercier, percepteur à vie.
Michel, sous-préfet à Dôle.
Mignot, percepteur à vie.
Moréal (François), empl. à Dôle.
Morial (de), propriétaire à Dôle.
Muguet (Mme), propriétaire à Montmirey-le-Chat.

Nossigneux, percepteur et receveur municipal à Dôle.

Outher, percepteur.

Papillon, percepteur.
Pareau, suppléant à Dôle.
Parreau, percepteur.
Penet, garde à cheval forestier à Mantrand.
Percepteur (le), de l'arrondissem. de Dôle.
Perrad, membre du conseil municipal à Morey.
Perrey, percepteur.
Perrenot, greffier du tribunal à Dôle.
Perrusson, entrepreneur du canal à Dôle.
Picard, percepteur à vie.
Pidaucier, percepteur à vie.
Pirard, percepteur à vie.
Pillieux, au nom de la loge maçonnique de Saint-Claude.
Plusquin fils, juge auditeur à Dôle.
Poutet, percepteur.

Poux, percepteur.
Préfecture (MM. les employés de la).
Pyot, juge de paix à Montmirey-le-Chat.

Remand, juge de paix à Petite-Chiette.
Renard, percepteur à vie.
Rene (de), percepteur à vie.
Renaud, percepteur à vie.
Reverchon, percepteur.
Reverchon, juge de paix à Morey.
Ribaud, percepteur à vie.
Rigolier aîné, propriétaire à Dôle.
Rigolier du Parey, propr. à Dôle.
Riard, percepteur à vie.
Robert, percepteur à vie.
Roumette, juge à Dôle.

Saget, percepteur à vie.
Sanivet, percepteur.
Secretau, légionnaire à Arnithod.
Sergent, percepteur à vie.
Spirennel, propriétaire à Lons-le-Saulnier.
Suffisant, percepteur.

Tavernier, percepteur à vie.
Tribunal de Lons-le-Saulnier (MM. les membres du).

Vaudel, Reverchon et compagnie, fabricans à Morey.
Vaulchier (le marquis de), préfet.
Vincent, notaire à Sellières.
Vuillermoz, juge de paix à Voiteur.

DÉPARTEMENT DES LANDES.

MM.

Bastia Magriet (de), à S. Sever.
Borda (de), chevalier de S. Louis.

Caplane (Mme Louise de).
Caplane (Mme Augustin de).
Caplane (le baron de), maire de Gaujac.
Carrière (de), préfet.
Casaigne, juge de paix à Parentis.
Candau, juge à Dax.
Candau (de), secrétaire général.

Darrigon, sous-préfet à Dax.
Darrefourg, maire de Pouillon.

Dayries, receveur-général du dép.
Delorme, entreposeur de tabacs.
Dompieix, à Dax.
Dompieix, receveur à Dax.
Dubroca, chev. de S. Louis à Dax.
Dupouy, président du tribunal civil à Dax.

Forcisson (Mme de) née Caplane.
Forsans (Cadet), percepteur à Pouilhon.

Galatoire, directeur des contrib.
Gayan, huissier à Pouilhon.

MM.
Lanisson, greffier à Jossé.
Leclerc (Antoine), abbé de S. Jean de Marsan.
Lubès Barbon, conseiller de préf.
Lustrac (le baron de), à Mont-de-Marsan.

Maurin, juge de paix de la Bret.

Navès, chirurgien.

Pauzader (de), juge de paix à Mont-de-Marsan.

Regnacq, receveur municipal à Dax.

Saint-Marc, curé de Mont-de-Marsan.

Souscripteurs du départ. (divers).

Tauziat, préposé des douanes au Cap Breton.

Vanduffel aîné (de), chevalier de S. Louis.

Vignaud, curé à Dax.

DÉPARTEMENT DE LOIR-ET-CHER.

MM.

Beaussier, juge de paix, à Mondoubleau.
Belland, receveur des domaines.
Bimbenel Lusarche, de Blois.
Blois (les employés de l'arrond. de).
Gadion, receveur des domaines à Vendôme.
Cassé (de), propriétaire à Vendôme.
Chalmet, percept. à Mondoubleau.
Collége de Vendôme (le).
Courtavel (le marquis de), à Baillon.
Cuillier Perron, propriétaire à Autun.

Delamarliere, propr. à Vendôme.
Droits réunis (les employés des) à Vendôme.

Duteil, directeur des impositions.
Dutertre Dana, négociant, à Mer.

Lefebvre, receveur général.
Leray de Chaumont, propriétaire.
Loge des Amis réunis, à Blois.
Louisson, inspecteur des domaines.

Marganne, receveur à Vendôme.
Montmarin (de), propriétaire, à Sargé.

Notaires de Vendôme (les).

Roman (l'abbé).
Romorantin (les employés de l'arrondissement de).

Salvert (de), propr. au Temple.

DÉPARTEMENT DE LA LOIRE.

MM.

Castel, percepteur à S. Etienne.

Degart (Colomb) père, propriétaire à Saint-Sauveur.
Dumarais, de Roanne.

Fleur de lys, maire à Rives-de-Giers.

Giraud, propriétaire à Chavanay.

Julliard (aîné), percepteur à Saint-Etienne.

Julliard jeune, percept. à Chuyers.

Neyron-Roget, commandant de la garde nationale de S. Etienne.

Roche, maire de Leigneux.

Saint-Bonnet-Vincent.
Saint Bonnet-Vincent (Mme).
Saint-Bonnet-Vincent (Mlle).

Terme, procureur du roi à Saint-Etienne.

3

(34)

MM.
Teyter, président du tribunal de Saint-Étienne.
Thiollière-Neyron, président du tribunal de commerce à Saint Étienne.
Toussaint, percepteur à Saint-Étienne.

DÉPARTEMENT DE LA HAUTE-LOIRE.
MM.

Biloer, ingénieur ordinaire.

Duchambon, curé à Vieille-Brioude
Dedrée, sous-préfet à Brioude.
Delabro et ses enfans, à Brioude.
Deparron, receveur général au département.
Devertauve, maire de Vercy.

Ginhoux, licencié en droit.
Gouilly, ingénieur ordinaire.
Granchier, receveur de l'enregistrement à Vieille-Brioude.

Lafayette Calemard, substit. au Puy.
L'étang (de), conseill. de préfect.

Mazuyer (de), propriet. au Puy.

Naupon, inspecteur des contribut.

Offarel, ingénieur en chef.
Peloux (le chevalier du), maire de Saint-Romain.
Percepteurs de l'arrondissement du Puy (les).
Percepteurs de l'arrondisement de Brioude (les).

Rieux (de la Roche), à Vieille-Brioude.

Troullet (Bernard), à Vieille-Brioude.

Vercy (la commune de).

DÉPARTEMENT DE LA LOIRE-INFÉRIEURE.
MM.

Barante (le baron de), préfet.
Boëts (dit Flamand), tailleur.

Dufongerau, sous-préfet à Nantes.

Goulard, ancien notaire à Nantes.

Harmand, secrétaire général de la préfecture.

Luzançay (le baron), à Nantes
Luzançay-Carré (le chevalier de).

Receveur (le) de Chateau-Briant, pour divers habitans.

Sallion, de Nantes.

Tribunal (le) de Paimbeuf.

DÉPARTEMENT DU LOIRET.
MM.

Avignon, curé de Durdon.

Banqueret de Voligni, à Orléans.
Brossard-Geudeville, à Pithiviers.

Charniset (le baron de), premier président de la cour royale.
Couet de Montaran, procureur général de la cour royale.

Delamarre, recev. gén. à Orléans.

Desbordes Miron, à Orléans.

Gannard, docteur en médecine à Pithiviers.

Maison-Neuve (de), ancien secrétaire général de préfecture.
Mésange sous-préfet à Montargis.
Monteau Roureau, imprimeur.

Pellieux, doct. en méd. à Beaugency.

MM.

Rocheplatte (le comte de), maire d'Orléans.

Talleyrand (de), préfet, en son nom et au nom des fonctionnaires publics du département.

Vincent (Nicolas).

DÉPARTEMENT DE LOT-ET-GARONNE.

MM.

Ambert, receveur.

Borgemant (le comte de), préfet.
Balbie, receveur.
Belot, vérificateur.
Betons (de).
Bigot-d'Anaffont.
Bley, receveur.
Boisseau de Blainville.
Bonas (le comte de).
Bongard-Lespinasse.
Brescon, juge de paix.
Boussion, conseiller de préfecture.
Boutonnot, receveur.

Candreller, receveur.
Cormentran-d'Aiguillon.
Carrère, receveur à Tournon.
Castillon (le baron de).
Chateauville (M.me de).
Collége de Mezin (le).
Cornat de Miramon, recev. à Agen.

Dabertran, receveur.
De la Corrége, maire de Mezin.
Daleste, inspect. des droits réunis.
Danglade aîné.
Depere d'Argiles.
Deseressonnières, dir. de l'enregist.
Deseressonnières fils, à Agen.
Droits réun. (MM. les employ. des)
Dupouy, notaire à Arteffort.
Durodié, receveur.
Durrieu, receveur.

Fauvel, vérificateur.
Ferrand, receveur.
Fiolde.
Foizeau, receveur.

Girard, receveur.
Goyon (de).
Guyot, receveur à Villeneuve.

Jalby, receveur.
Lagrange (Charles de).

Lanneau-Rolland, secrétaire gén.
Lartigne (de) aîné.
Lartigne (de) fils.
Lavaur, receveur.
Lemaitre, receveur généra'.
Lemaitre, inspect. de l'enregistr.
Lemègre.
Leotard, sous-préfet à Agen.
Leotard de Puymeral.
Levet, receveur.
Leyniac.
Lostau, conservateur des hypothèques à Agen.
Lugan, receveur.

Malespine, receveur.
Malembre.
Manlin (Dominique).
Martin, receveur.
Mclignan (le comte de).
Menne, conseiller de préfecture.
Merle-Marsenneau.
Miraben, garde-magasin.
Montigny, receveur.
Musnier-la-Converserie, préfet.

Pons de la Coste.
Pradier, vérificateur.
Proché, instituteur.

Saint-Amand (de), président du couseil du département.
Saint-James, receveur.
Sainte-Colombe.
Soubiran (Mathieu).
Soubiran (Joseph).

Tarlas-d'Haumont.
Tarsac (Blaise).
Trigaut-Beaumont, insp. de l'enreg.

Vallongne, receveur.
Verdier, receveur à Puyneral.
Viallotte, receveur.
Villeneuve, maire de Saint-Sardas.
Villette-d'Aiguillon (Charles).

3.

DÉPARTEMENT DE LA LOZÈRE.

MM.

Borelli, receveur général. | Defressac, préfet de la Lozère.

DÉPARTEMENT DE MAINE-ET-LOIRE.

MM.

Bangelin, receveur de l'enregistrement à Secré.
Bodin, receveur à Saumur.
Boylesve (de), à Angers.

Collasseau (Madame veuve).

Daudigne de Maineuf (le vicomte).
Dukarbec, à Beaupréau.
Dutier, à Baugé.

École des arts de Beaupréau.

Fresmais de la Briais, entreposeur de tabac.

Hanry (Henri), adjoint du maire de Saumur.

Hebert de Soland, notaire à Angers.

Labrousse, directeur de la poste à Châteauneuf.
Lambron, du lycée d'Angers.
Larech, sous-préfet à Saumur.
Le Crosnier, à Ségre.
Lenormand, ingénieur.

Mayaud (Noël-Henri), maire de Saumur.

Perrotin.
Picot, entrepreneur à Baugé.

Taillepied de Bondy, recev. gén.

Vernantel (le maire de).

DÉPARTEMENT DE LA MANCHE.

MM.

Brechier fils, notaire à S. Hilaire.

E. S. T. (M.) propriétaire.
E. S. E. S. T. fils, propriétaire.

Flamanville (de).

Granville (la commune de).
Groult, colonel de la garde nationale de Cherbourg.

Leclerc, receveur à Avranches.
Lecomte de Bois-Roger (Mme), à Saint Germain de l'Arivelle.

Préfet (le) de la Manche.

Receveur général du département (le).
Receveurs particuliers (les) du département.

Sous-préfets (les) du départ.

Valognes (la commune de).
Vaussay (M. de).

Walwen, directeur des contributions.

DÉPARTEMENT DE LA MARNE.

MM.

Araucy (le baron d').
Arnault (Mme v^e), à Sainte-Menehould.
Aubry, à Dormans.

Barbier, chevalier de la Légion-d'Honneur.
Beaujeu (de), chev. de S. Louis.
Bourgeois, à Epernay.

MM.
Brunet de Long, propr. à Châlons.
Buache, substitut du procureur du roi à Sainte-Menehould.
Buirelle, aubergiste à Dormans.
Bureau, propriét. à Ste Menehould.

Caillet (Thierry), inspecteur de la poste aux lettres.
Chamisso (de), chev. de S. Louis.
Charpentier, à Dormans.
Chedel (Mme v^e), propr. à Sainte-Menehould.
Chedel, chevalier de Saint-Louis.
Chieza (le comte de), propriétaire à Vitry.
Chablet, directeur des domaines.
Cleret, à Dormans.
Clouet, receveur partic. à Reims.
Cochois, ex-notaire à Sezanne.
Collin, ancien avocat à Sainte-Menehould.

Dampierre (Mme la comtesse de), à Sainte-Menehould.
David de Ville, fabric. à Dormans.
Delalain (Joseph), avocat à Vitry.
Delahaute, contrôleur des postes.
Delapaix, s.-préf. à Ste-Menehould.
Desmarets, propriétaire.
Determes, chevalier de S. Louis, à Reims.
Devienne (Mathieu), juge à Sainte-Menehould.
Devillers, propriétaire.
Dumont, adj. du maire à Dormans.
Dupin de Dammartin, propriétaire à Sainte-Menehould.
Dubois, recev. de l'enregistrement à Dormans.
Duquesne (Mme v^e), à Dormans.

Ecole des arts et métiers, à Châlons.

Faillette (MM.), à Dormans.
Faunier (Mme v^e), à Dormans.
Fleury, propr. à Ste Menehould.
Franquet, à Dormans.

Gilson, receveur des domaines à Sainte-Menehould.
Gerod-Fournier, marchand.

Hannonet (Mme v^e), à Sainte-Menehould.

Hervillé (Mme d'), à Reims.
Henry, chev. de la Légion-d'Honneur.
Heutin, à Dormans.
Hutinet, à Dormans.

Jessaint, préfet.

Lagny (le baron de), maire de la Ferté-sous-Jouarre.
Lamy, à Dormans.
Leblanc, notaire à Dormans.
Lechevacheur, juge du tribunal de commerce d'Epernay.
Lecuyer, à Dormans.
Legay, maire à Sainte-Menehould.
Lemaire, propriétaire à Sainte-Menehould.
Lepelletier-d'Argers, chevalier de S. Louis, à Ste Menehould.
Leserrurier, propriét. à Ste Menehould.
Loge de la Triple-Union à Reims.
Loge de Saint-Louis à Châlons.

Marchand, receveur particulier à Sainte-Menehould.
Marseille, à Dormans.
Marthe, président du tribunal de commerce d'Epernay.
Mathieu, direct. des droits réunis.
Mauclerc jeune, adjoint de maire à Sainte-Menehould.
Monnier, profess. de grammaire.
Moussé, à Dormans.

Pasquier (François), propriétaire à Sainte-Menehould.
Pellerin (Mme v^e), à Sainte-Menehould.
Petit (Mme v^e), propriét. à Sainte-Menehould.
Prin, à Dormans.

Reignier, receveur principal des droits réunis.
Rousseau, à Dormans.
Ruinard de Brimont, député.

Sein, receveur général.
Serrurier aînée (Mme), à Sainte-Menehould.
Signeville (Dumont de), membre du conseil général, à Vitry.
Souscripteurs (divers) non dénommés.

MM.
Symonet, maire de Villers.

Tarbé, substitut du tribunal de Reims.
Thierry (Mme v^e), propriétaire à Sainte-Menehould.

Valin (Mlles), rentières.

Valin, juge de paix à Dormans.
Varoquier, maître de poste à Dormans.
Verrières (Mme v^e), propriétaire à Sainte-Menehould.
Vivat, notaire à Ste Menehould.

Woillon (de), propriétaire à Sainte-Menehould.

DÉPARTEMENT DE LA HAUTE-MARNE.
MM.

BOREL-LAVOCAT, commandant la garde nationale de S. Dizier.

Contribut. indirectes de Langres. (les employés des)

Delasalle, préfet.

Hannin, procureur du roi à Vassy.

Leblanc (Clém.), sous-préf. à Vassy.

Payeur (le), du département.

Robin de Richemont (Mme), propriétaire à Chaumont.

Saint-Genest (Louis de), préfet.

Tribun. civ. (MM. les membr. du).

DÉPARTEMENT DE LA MAYENNE.
MM.

ANCERNE, percepteur à Cossé.

Barillet, juge de paix à Pré-en-Paille.
Beauchamp (de), maire à Saint-Laurent.
Belart fils, à Oiseau.
Bertin de Presles, ancien lieutenant de roi à Saumur.
Beuris (Simon).
Blanchet, percepteur d'Astillé.
Bouchard de la Poterie, à Château-Gonthier.
Bougrain, chef de bureau de la préfecture.
Bourmault, percepteur.
Brindeau, adjoint à la mairie, à Pré-en-Paille.
Brindeau, directeur de la poste, à Pré-en-Paille.

Carré, receveur de la mairie de Mayenne.
Carré, adj. au maire de Mayenne.
Carrerot, employé à la recette générale.
Chamaillard, percepteur à Meslay.
Charchigné (les habitans de la commune de).

Charlet, recev. de l'enregistrem.
Chevreuil, receveur municipal à Laval.
Chriteau, percept. à Pré-en-Paille.
Clinchamps, propr. à Mayenne.
Coignard, notaire à Mayenne.
Contributions indirectes (les employés et entreposeurs des).
Courte de la Bourgatière.
Coutard de Souvré, juge de paix de Château-Gonthier.

Davoust, percepteur.
Dean, maire à Château-Gonthier.
Dean, maire à Bazonges.
Dehérié, maire de Laval.
Desportes, maire à Arron.
Destournel, sous-préfet à Château-Gonthier.
Dubois, percepteur.
Duclos, greffier de la justice de paix à Pré-en-Paille.
Dudouest, percepteur.
Duhautornez, percept. à Mayenne.
Durosier, sous-préfet à Mayenne.

Enjubault, percepteur.
Esnault, recev. à Château-Gonthier.

MM.
Fortin, propriétaire à Mayenne.
Foubert, percepteur à Entrasme.
Fretté, percepteur.

Garreau, maire à Loiron.
Garry, commiss. de police à Laval.
Gaudinière, secrét. de la mairie.
Girard, percepteur.
Grandpré, imprimeur à Laval.
Guedon, propriét. à Mayenne.
Guesdon, payeur gén. du départem.
Guillois, percepteur à Barouges.
Gurzon, percepteur.

Hardy, propriétaire à Laval.
Hemmelin, propriét. à Mont-Jean.
Huen-Dubourg, percept. du Pas.

Jardin, secrét. de la mairie à Pré-en-Paille.
Lacocherie, propriétaire.
Ladoucette, percepteur.
Languet, employé à la recette gén.
Lefizelier, percepteur.
Leforestier, maire à Mayenne.
Lemercier, médecin à Mayenne.
Lemercier, direct. de la poste aux lettres.
Lenicolais, négociant à Laval.
Lenicolaye, maire de Montourlier.
Lepescheux, percept. à Mayenne.
Levarré (de), propriét. à Laval.
Levasseur, secrét gén de la préfect.
Leteissier-Pistière, percepteur à la Bazonge de Chimeri.
Loge de la Constance (la), à Laval.
Loge de S. Louis de la Gloire (la), à Saumur.

Margerie, maire à Javron.
Moreau, percepteur.

Notaires (la chambre des).

Olivier, maire de Saint-Ouen du Toilu.

Pathier-du-Pomeau, maire de Pré-en-Paille.
Percepteurs (les) de l'arrondissem de Château-Gonthier.
Pican, vicaire de Pré-en-Paille.
Pican (v^e).
Puzat, receveur de l'enregistrem.

Quentin, percepteur.

Receveur général (le), pour lui et divers habitans.
Richard, greffier du juge de paix à Château-Gonthier.
Robert, chirurgien à Pré-en-Paille.
Rondet, fabricant de papiers à Saint-Calais.
Rouillon, receveur à Château-Gonthier.
Roussigny, chevalier de S. Louis.

Sauvé, percepteur.
Société littéraire (la) à Château-Gonthier.

Tanquerel de Bellay, chevalier de Saint-Louis.
Telot, propriétaire.
Tribunal de 1re instance (le) à Château-Gonthier.
Tribunal de 1re instance (le) à Mayenne.
Truet, percepteur à Arquenay.

Vannier, percepteur à Loiron.
Vannier, employé à la recette générale.
Villedieu, percepteur.

Zelle des Isles, chirurgien.

DÉPARTEMENT DE LA MEURTHE.

MM.

ACDERMOTTE.

Barthelemy, électeur.
Berthier, à Lunéville.
Blahay, percept. à Château-Salins.
Bonnejoye, électeur.

Bouchon, notaire à Toul.
Bouligny, électeur.

Cabouilly (de).
Chabot, électeur.
Charlot, à Nancy.

MM.

Charrière, à Lunéville.
Château-Salins (Antoine de).
Chevalier (de), à Nancy.
Cognel.
Colesson.
Collége électoral de Nancy (les membres du).
Colin, électeur.
Collot, électeur.
Contart, avoué de la cour royale.
Croizier, négociant à Nancy.
Curien, de Lunéville.

Degellenoncourt, à Lunéville.
Defresnel-Lunéville (Mme).
Delmud (Georges), à Pont-à-Mousson.
Dely, percepteur, à Giriviller.
Demandre.
Devermont.
Drouot, à Lunéville.
Dufays.

Electeurs (divers) de l'arrondissement de Toul.
Electeurs (divers) de l'arrondissement de Sarrebourg.
Empereur, à Pont-à-Mousson.

Fonche, électeur.
Fourrier.

Georges aîné, électeur.
Gérard, à Lunéville.
Gerbault, receveur à Dieuze.
Genry, avocat à Nancy.
Gousseau, limonadier à Nancy.
Greche (de).
Guiard, rédacteur du Journal de la Meurthe.
Guillaume, électeur.

Hinglaisse.

Jacquinot, électeur à Nancy.
Jardy, à Lunéville.
Jaukovicks-de-Germiz (de), à Nancy.

Koswitz (Jean).

Lanfray, électeur.
Laruelle, de Lunéville.

Lepère, de Sarrebourg.
Leseurre, à Nancy.
Loge du F..... de Nancy.

Maffioli, substitut du procureur du roi à Sarrebruck.
Maire à Nancy.
Mandel, apothicaire à Nancy.
Manouville, à Nancy.
Mansuy, électeur.
Marchal, électeur.
Marquis, à Nancy.
Masson, électeur.
Mathie, à Lunéville.
Mique, préfet.
Mongin.
Mongin, ingénieur en chef à Nancy.
Monluisan, percepteur des contributions.
Monthuraux de Fiquelmont (le comte de), à Nancy.

Noël, notaire à Nancy.
Noël, juge de paix à Nancy.
Notaires (les) de Château-Salins.

Olry, à Lunéville.

Parmentier (le baron).
Perrin, électeur.
Prouvé, électeur.
Prudhomme, de Fontenoy.

Quintard, de Château-Salins.

Risse, de Château-Salins.
Robin, de Château-Salins.
Rolland (le baron), à Nancy.
Rollin, électeur à Fresnes.

Saint-Michel.
Saladin (le baron), président à Nancy.
Senig (Jean).
Simon, à Lunéville.
Sivry (Pierre de).
Souscripteurs (divers).

Thiballier, électeur.

Vannoz (de).
Vidil fils, négociant à Nancy.

DÉPARTEMENT DE LA MEUSE.

MM.

COLLARD DE VILLE (Mme la baronne de), à Stenay.

Denis, homme de lettres à Commercy.

Gilbert de Solerac, à la Neuville.

Gossin (M. l'abbé), ancien chanoine, grand chantre à Verdun.

Hustenat, sous-préfet à Commercy.

Souscript. (divers) de Commercy.

DÉPARTEMENT DU MORBIHAN.

MM.

Altami, adjoint.
Ansignac, receveur.

Baron, receveur de l'octroi.
Bardouille, buraliste.
Barron, chanoine à Vannes.
Bausset (de), évêque de Vannes.
Bertrand (Mme), débit. de tabacs.
Bertie, buraliste.
Bernard, à Auray.
Bigot-de-Préameneu, receveur.
Binselier, receveur.
Boullé, ingénieur à Vannes.
Briand, receveur.
Bruvel, buraliste.
Bunel, employé de l'octroi.
Buseuil, médecin à Lorient.

Caradec, conseiller de préfecture à Vannes.
Castagny (de), percepteur des contributions à Vannes.
Chambrin, commis aux exercices.
Chapault, buraliste.
Charnau (le comte de), directeur des harras.
Chasle de Latouche, receveur.
Chemiant, commis aux exercices.
Cheminant, employé de l'octroi.
Colliache, commis aux exercices.
Conseil municip. (le) de Suzenne
Contributions de Lorient (les receveurs des).
Contributions de Lorient (les contrôleurs des).
Courolhier, débitant de tabacs.
Courregeoles, buraliste.
Courson, adjoint.

Dagout, débitant de tabacs.

Davon, doct. médecin à Vannes.
Danet, receveur général.
Débitans de tabacs (les).
Delasalmonière, recev. buraliste.
Delatour, receveur.
Delamarzalle (le chevalier), maire de Vannes.
Delaseive Lassin, de Terves.
Delatouche (Noël), négociant à Ploërmes.
Desbrulais (Olivier), curé à Guémené.
Degruenchquivillié, receveur de la commune à Vannes.
Desgraviers, directeur des messageries à Vannes.
Desroches, employé de l'octroi.
Dubois, aîné à Lorient.
Duclos, receveur.
Dusolon, contrôleur de ville, à Lorient.

Eon, buraliste.
Evain, employé de l'octroi.

Fichaut, débitant de tabacs.
Fortin, commis aux exercices.
Fougere, receveur.

Gavet, commis aux exercices.
Gazal, buraliste.
Godard (veuve), débitante de tabacs.
Godet Destouches, chef de cohortes à Guémené.
Gorret, commis aux exercices.
Gourdin, buraliste.
Gourdin, receveur.
Granval, commis aux exercices.
Grisal, receveur.

MM.

Hainselin, receveur de l'octroi.
Herpin, receveur de l'octroi.
Houdiard, négociant à Vannes.

Jallé, commis aux exercices.
Javelet (Mme), débit. de tabacs.
Julien (le comte), préfet.

Labédoyère (veuve), rentière à Vannes.
Lacroix, receveur de l'octroi.
Laporte, buraliste.
Larose (Mme), débit. de tabacs.
Lauteur, contrôleur en chef de l'octroi.
Lauzer, prés. du trib. civil à Vannes.
Lebrière, buraliste.
Leclairet, notaire à Guémené.
Lecollier, receveur.
Lecorre, commis aux exercices.
Lefebvre, commis aux exercices.
Lefeuvre, percepteur à Vannes.
Legall, commis aux exercices.
Legendre, commis aux écritures.
Lemoine, buraliste.
Leporte, notaire à Banc à Vannes.
Leprévost, buraliste.
Leprince, receveur.
Leviel, directeur des contributions.

Macaire, directeur des domaines.
Maigrot, débitant de tabacs.
Malro, débitant de tabacs.
Melin, commis aux exercices.
Mercillard, percepteur.
Michel, rentier à Vannes.
Misery, buraliste.
Moigno, receveur de l'enregistrement à Guémené.
Molin (Mme), debit. de tabacs.

Pasco, recteur de Saint-Partern à Vannes.
Penchant, notaire à Guémené.
Petit, receveur.
Petra, à Vannes,
Pion, ingénieur en chef à Vannes.
Placaud (de), sous-inspecteur des douanes à Lorient.
Pons, receveur.

Quella, débitant de tabacs.
Querelle, débitant de tabacs.
Quillemotot, receveur.
Quillon de la Penangue, receveur.
Quivanguer, commis aux exercices.

Raboisson, percepteur à Saint-Carades.
Raoul, entrepreneur.
Ricordette, prêtre à Vannes.
Rivalin, buraliste.
Rousseau, inspecteur des douanes à Vannes.

Saint, buraliste.
Saint, receveur.
Saulnier, garde-mag. du timbre à Vannes.

Tabourieux, buraliste.

Terves (de) frères.
Thomas (Julien), receveur de l'octroi.
Tonet, propriétaire à Suzzène.
Tourneur (veuve), débitante de tabacs.

Villeneuvegrec, receveur.

Wencadebec, débitant de tabacs.
Widal, débitant de tabacs.

DÉPARTEMENT DE LA MOSELLE.

MM.

BARBAULT, receveur à Thionville.
Berlandier, à Metz.
Bosquier (la famille), à Metz.
Breton, avocat à Metz.

Chaumereau (Mme de), à Thionville.
Conseil de l'académie.

Contributions (MM. les employés des).
Couturier, recev. à Sarreguemines.

Dubuat (Mme).
Dumaine, directeur de l'enregistrement.
Dupertuy.

MM.

Duraget père, chevalier de Saint-Louis à Metz.
Duraget fils, contrôleur des contributions à Metz.
Enregistrement (MM. les employés de l').

Ferrand de Jobal.
Foudras (de).

Impositions indirectes de Thionville (MM. les employés des).
Impositions indirectes de Metz. (MM. les employés des)
Impositions indirectes de Briey. (MM. les employés des)

Jacquinot, sous-préfet à Sarreguemines.
Jobal, de Vaucouleurs.

Lambert, notaire à Villers-la-Montagne.
Larminot (Mme v{e}), à Metz.

Lefebvre, contrôleur des forges à Metz.

Marchand-Collin, receveur particulier à Briey.
Metz (la ville de).

Possel, receveur général.
Postes aux lettres (le directeur des), à Metz.
Postes aux lettres (MM. les employés des), à Metz.

Rolly, sous-préfet à Thionville.

Saulnier, conseiller de préfecture.

Taffin, contrôleur des contributions de Sarreguemines.
Ternaux, sous-préfet à Briey.
Tribunal de Briey (les membr. du).

Vaublanc (de), préfet de la Moselle.

Weyer, payeur général.

DÉPARTEMENT DE LA NIÈVRE.

MM.

Asnau (les habitans d').
Aunay (la commune d').

Bardet, receveur à Clamecy.
Beard (la commune de).
Beaumont-Laferrière (les habitans de).
Beaurenaud, percepteur d'Onague.
Bessan, employé à Nevers.
Brinon-les-Allemands (la commune de).

Château-Chinon (la commune de).
Châtillon (la commune de).
Conseil municipal de Clamecy.
Clamecy (trois souscripteurs de).
Coquille, employé des postes à Nevers.
Corbigny (la commune de).
Cotignot (le chevalier de), à la Bourseau.

Damas de Crux (M. l'abbé de), maire de Menon.
Damas de Crux (Mme de).

Demont-Richard, propriétaire.
Deschamps (Auguste), propriét.
Doloret père, propriétaire.
Dufourny, conseiller de préfecture.
Duliége, payeur.
Duquemay (le comte), maire de Morache.
Duquenot, garde-magasin du timbre à Nevers.
Duverne-Demerancy, propriét.

Entrains (les habitans d').

Fermete (la commune de la).
Fiévée, ancien préfet de la Nièvre.
Flamen-d'Ossigny.

Germanoy (habitans de la contrée de).
Givry (Mlle Joséphine de), à Nevers.
Guyot-d'Amfreville, propriétaire à Luzy.

Houvy (de), à Nevers.

MM.

Lamotte de Druzy, maire de Challemont.
Lefevre-Lemaire, receveur général.
Luzy (la commune de).

Maillard, employé à Nevers.
Maumigny, chevalier de S. Louis.
Metz-le-Comte (divers habitans de).
Monceau (divers habitans de).
Menon (la commune de).
Mont-Richard (l'abbé de), propr.
Montranche (la commune de).
Moux (la commune de).

Ouroux (la commune d').

Pagès, percepteur.
Pain de Bussy, propriét. à Nevers.

Percepteurs de Château-Chinon (MM. les).
Pinet fils, à Nevers.

Receveur (le) de Château-Chinon.
Roche-Milay (la commune de).

Sauvage, employé à Nevers.
Septier de Rigny, propriétaire à Nevers.

Société littéraire du Château (la), à Nevers.

Tannay (la commune de).
Tenaille-Dulac, maire.

Varzy (la commune de).
Villi-les-Auzely (la commune de).

DÉPARTEMENT DU NORD.

MM.

Aneulin (divers habitans d').
Armentières (divers habitans d').
Asq (divers habitans d').
Auchy (divers habitans d').
Avesnes (divers habitans d').

Bailde, percepteur à Nieppe.
Barra, juge.
Basserade, major.
Bateliers de Mortagne (les).
Bateliers de Saint-Amand (les).
Beaulieu (Louis), à Dunkerque.
Beaumont (de), au Cateau.
Beaumont-Flayelle (de), au Cateau.
Bauvin (divers habitans de).
Beauchamp (habitans de).
Belin, receveur de l'enregistrem. au Cateau.
Bellerive (de), propriétaire.
Benoist, propriétaire à Valenciennes.
Berenger, commissaire des fontes à Douai.
Beudon, notaire au Cateau.
Boindes (les habitans de).
Bonnière (Mme), rentière.
Bottin, ex-secrétaire général.
Bourg-Bourg (divers habitans de).
Bricourt de Tautraine, au Cateau.
Bricourt fils.
Briois (de), maire à Salomé.

Boursier (Melchior), à Valenciennes.
Bouvré (Joseph), membre du conseil général à Valenciennes.
Boyard-Solotte, à Armentières.
Brannes, commandant des canonniers.
Brousseque (les habitans de).
Bully (de), payeur de la division.
Buisseret (le comte de).
Bussy (Charles de), chevalier de Saint-Louis à Douai.

Chamouleau-Nées, armateur, à Dunkerque.
Camphin-en-Pevele (des habit. de).
Candom de Carsignies, à Ligny.
Capinghem (les habitans de).
Carion, chef des bureaux du payeur.
Caron, à Bouchain.
Carpentier, curé à Templeuve.
Carville, au Cateau.
Chezeng (divers habitans de).
Cogé, maire à Bouchain.
Collard, secrétaire du maire au Cateau.
Collet, au Cateau.
Comphin-en-C^t (les habitans de).
Comines (les habitans de).
Cosing (les habitans de).
Cousin-Hennequant, au Cateau.
Croix (les habitans de).

MM.
Dancoisne, au Cateau.
Danel, procureur du roi.
Dannieux (Bernard), membre du collége électoral.
Daniaux, négociant.
Darnisens de Rachincourt, à Lille.
Deffontaine, maire à Baisieux.
Delavallée, secrétaire général de la préfecture.
Delahaye (Séraphin), propriétaire à Lille.
Deliot (le comte), maire d'Erquinghem.
Demadre de Mouchy (Mlle).
Denkemont (les habitans d').
Denisse, au Cateau.
Derode, percepteur à Solsein.
Deschodt, juge de paix à Terdeghem.
Despinois, à Valenciennes.
Debos, receveur à Lille.
Dolckerinkave (les habitans de).
Dormay (Mme v^e), au Cateau.
Douai (des habitans de).
Dronsart, à Bouchain.
Druart, au Cateau.
Drun-Barbieux, à Saint-Amand.
Duhamel, pharmacien à Lille.
Dumancel jeune, à Vatignies.
Dumez, percepteur.
Dunkerque (des habitans de).
Dupéage (Denis).
Duquesne, doyen des conseillers de préfecture.
Duriez (Louis), à Douai.
Duverger, directeur du spectacle.

Eglise réformée de Lille (l').
Ekelbeke (divers habitans d').
Ennetières-en-Vepres (divers habitans de).
Evrard-Rhône, négociant à Valenciennes.
Erquinghem-sur-Lys (des habitans d').
Esquermes (divers habitans d').
Ewbank (J. F.), à Valenciennes.

Faches (des habitans de).
Fives (des habitans de)
Fizeaux (Charles), à Valenciennes.
Fizeaux (Félix), à Valenciennes.
Flayelle-d'Anjou, au Cateau.
Fleury, propriét. à Valenciennes.

Flobert, directeur des contributions à Avesnes.
Fournis (le baron de), chef de légion.
Frelinghem (des habitans de).
Fremin aîné, de Cambrai.
Fromelles (des habitans de).

Gallande, au Cateau.
Genets (des habitans de).
Ghesquière (de), sous-préfet à Hezebrouk.
Godefroy père, à Lille.
Gossuin, receveur général.
Gravelines (des habitans de).
Greffan, chef de bataillon.
Groza-Chantreuil, au Cateau.
Guadypré (divers habitans de).
Guinard, directeur des droits réunis.
Guyferoux, fabricant de dentelles.

Haghe, au Cateau.
Halluin (des habitans de).
Hamoir (J. F.), à Valenciennes.
Hamoir (Amédée), à Valenciennes.
Hamquart, au Cateau.
Hanquand-Delahaye, au Cateau.
Hazebrouk (habitans de).
Hellin (d'), chef de cohorte.
Hennequant-Cousin, au Cateau.
Hennequant-Pierrard, tanneur au Cateau.
Herlies (des habitans de).
Him, greffier.
Hondscoote (divers habitans de).
Holbecque, notaire à Hondscoote.
Horie, au Cateau.
Houkerque (des habitans de).
Houplein (des habitans de).
Hayinille (des habitans de).
Hyalin, au Cateau.

Jacquart, commissaire de police à Lille.
Jeuvernay, directeur des vivres.
Joveneau, au Cateau.

Kalaige-Hennequant, au Cateau.
Kemmy (le baron de), à Dunkerque.
Kylpoller (de), percepteur à Bailleul.

Lagrange de Coupigny, à Douai.

MM.

Lambert (Mme v^e), directrice des postes.
Lampret (divers habitans de).
Lamsault (de), propriétaire à Valenciennes.
Lancelle, au Cateau.
Landrecies (divers habitans de).
Laurent, au Cateau.
Linselles (habitans de).
Lécluse (de), à Saint-Amand.
Leclercq, vicaire de Fournes.
Lefebvre (Mme v^e), au Cateau.
Lefebvre, négociant à Lille.
Lefort, imprimeur à Lille.
Lelièvre (François), à Valenciennes.
Lelong (Mme v^e), fermière.
Leroux-Dusdon, receveur des impositions au Cateau.
Leroy, au Cateau.
Leroy, notaire.
Lesfart jeune, à Mouchin.
Leselles (des habitans de).
Le Thierry-Vinat, membre du conseil municipal.
Libertart, percept. à Beauvignies.
Lille (des habitans de).
Loos (des habitans de).
Loze, pharmacien au Cateau.
Lynde (divers habitans de).

Macard (Jean), à Avesnes.
Macarteau, médecin à Valenciennes.
Magdeleine (des habitans de la).
Mairesse (Mme v^e.), au Cateau.
Maland, de Finam, près Douai.
Marechal, pharmacien au Cateau.
Marlier, imprimeur.
Marquette (des habitans de).
Martel (Mme v^e).
Massieu, notaire au Cateau.
Mathieu (Léopold), propriétaire à Valenciennes.
Maupassant, à Avesnes.
Mesnil (des habitans de).
Monnaie (les fonctionnaires de la), à Lille.
Mongin-Fondragon (le baron de). à Lille.
Moreau, au Cateau.
Morelle, orfévre au Cateau.
Mortier-Delhaye (Mme v^e), au Cateau.

Motte-Fleschère, à Saint-Amand.
Mouchain (des habitans de).
Moucheaux (des habitans de).
Moveaux (des habitans de).

Naveleum, notaire à S. Amand.
Nicole père, négociant à Saint-Amand.
Notaires (les) de l'arrondissement de Lille.
Noyelle (des habitans de).

Orchies (habitans d')
Outerleys, notaire à Cossel.

Paillard, directeur de la poste.
Pezenchies (divers habitans de).
Piat jeune, à Radinghem.
Pietre, au Cateau.
Pigalle, direct. des contributions.
Primesques (des habitans de).
Pitoux-Waincel, négociant à Lille.
Plasse (de), maire à Watrelot.
Poissonnier (Mlle), marchande de toiles.
Prêtre, brasseur au Cateau.
Prissette, à Avesnes.
Prisse (Constant), à Avesnes.

Quesnoy-sur-Deule (des habitans de).
Quecq, propriétaire à Cambrai.

Receveur général (le), pour divers.
Remy-Goris, chirurgien au Cateau.
Reynart, receveur.
Rincheval (Antoine), à Avesnes.
Rocloux, chef de la garde nationale.
Rodinghem (des habitans de).
Rodriguez, au Cateau.
Roubaix (des habitans de).
Rouchin (des habitans de).
Roumy, au Cateau.
Rubrouck (des habitans de).

Sainghem en Vepres (des habitans de).
Saitfart, au Cateau.
Salomé (des habitans de).
Scheppert-Crepy, inspecteur des impositions.
Senelar, commissaire de police à Lille.

MM.
Serret (Pierre), à Valenciennes.
Siméon, préfet.
Sinet (Mme ve), négociant.
Specker (divers habitans de).

Terwagne-Paincaut (Jean), à Valenciennes.
Templemars (des habitans de).
Templeuve (des habitans de).
Thibaut, propriétaire à Lille.
Tourcoing (des habitans de).
Trentefaux, comm. de police à Lille.
Tribunal civil de Lille (MM. les avoués du).

Valenciennes (des habitans de).

Vaumerin-Lindevick, maire à Bailleul.
Verlinghem (divers habitans de).
Verrin, greffier du juge de paix au Cateau.
Versmée, receveur à Dunkerque.
Veudeville (des habitans de).

Watten (divers habitans de).
Warneton (habitans de Bas-).
Warneton (des habitans de).
Wasquehele (des habitans de).
Watignies (des habitans de).
Waterlot (des habitans de).
Wervicq, (des habitans de).
Wumezeele (des habitans de).

DÉPARTEMENT DE L'OISE.

MM.

Angel, percepteur à Orvillé.
Attichy (les habitans d').
Audebert, à Cug.
Aux Couteaux (Mme), à Beauvais.

Bachelet, percepteur à Lassigny.
Bardin, percepteur à Vauchelles.
Baton, percepteur à Jaux.
Batton, percepteur à Saix.
Benoit, percepteur à Pontoise.
Beranger et ses enfans, à Beauvais.
Bordeaux, maire de Fresnaux.
Boudin père, percepteur à Boiest.
Boudin fils, percepteur à Droiselles.
Bourgeois, percepteur à Nery.
Braille, percept. à Silly-le-Long.

Chedeville (de), percepteur, à Breteuil.
Chevaliers de S. Louis de Beauvais. (les)
Clerel, percepteur à Verneuil.
Cor, percepteur à Crespy.
Cor, percepteur à Boullenoy.
Corbie, percepteur à Pierrefonds.
Cothereau, percepteur à Précy.
Cottret, percepteur à Tracy-le-Mont.
Crinon, percepteur à Bonneuil.

Dalmas, sous-préfet de Compiègne.
Dastier, conservateur des hypothèques à Senlis.

Delayen, percepteur au Grand-Fresnois.
Demoulin, percepteur à Longueil-sur-Oise.
Denel, percepteur à Conchy.
Derichouffle, percepteur à Bussy.
Descheux, percepteur à Avricourt.
Deshayel de Cambrone, propriét. à Arrocez.
Demay, percepteur à Thierry.
Devaux, percepteur à Chantilly.
Dhervillé, percepteur à Mareuil.
Donville, percepteur au Plessis-Patte-d'Oie.
Dreux, percepteur à Chevincourt.
Duerod, percepteur à Duvy.
Dupuy, receveur à Auteuil.
Duquesnel, percepteur à Neuilly-en-Thel.
Duval, receveur particulier à Senlis.
Duvivier, recev. part. à Clermont.

Fauvelle, percepteur à Creil.
Fembert, propriétaire à Clermont.
Ferret, percepteur à Brassense.
Fontaine, percepteur à Morienval.
Frédin, percepteur à Nanteuil.
Froid, percept. à Ermenonville.

Gallé, percepteur à Saint-Vast.
Gibert, percepteur à Decey.
Gibert, receveur général.
Giraut, ingénieur du canal Saint-Quentin.

MM.

Goudouin, à Beauvais.
Groneau (le comte de), préfet.
Guillé, percepteur à Ressons.
Guittard, percepteur à Noyon.

Harlet aîné, percepteur à Langny-le-Sec.
Harlet jeune, percepteur à Eve.
Hermangy (d'), greffier du tribunal de commerce de Compiègne.
Hervey, substitut à Clermont.
Huart, percepteur à Rethondes.

Indercetz, à Beauvais.

Josse, percepteur à Roberval.

Lancry, maire de Compiègne.
Lange, percepteur à Plailly.
Langlois, percepteur à Compiègne.
Langlumé, directeur de l'enregistrement.
Lasne, percepteur à Ecuvilly.
Laurent, percepteur à Puiseux.
Le-Caron de Mazancourt, de Compiègne.
Leclere, percept. à Dreslincourt.
Lecomte, receveur particulier à Compiègne.
Lefevre, percepteur à Betz.
Lemaire, percepteur à Caisnes.
Lemarie, à Beauvais.
Lepelletier de Glatigny.
Leprocest, percepteur à Rivecourt.
Lepront, percepteur à Rivecourt.
Leroy, percepteur à Dominois.
Leroy, percepteur à Dorcy.
Lhuillier, receveur à Compiègne.
Loge de S. Louis à Crespy (la).

Manufacture des tapisseries de Beauvais (M. le directeur).
Manufacture des tapisseries de Beauvais (MM. les empl. de la).
Manufacture des tapisseries de Beauvais (MM. les ouvriers de la).
Maréchal, percepteur à Mondescourt.
Margeridou, percepteur à Bregy.
Marin, entrepreneur à Compiègne.
Marin, à Beauvais.
Maricot, à Beauvais.
Marne, percepteur à Drilly-Saint-Georges.

Maucomble (Mlle Louise de), à Beauvais.
Michaux, percepteur à Ognolles.
Millan, percepteur à Croutay.
Milliere, à Beauvais.
Monet, percepteur à Chiry.
Morel, percepteur à Francieres.

Navier (le chevalier), maire de Morliere.

Oyon, huissier à Manneville.

Paturel, percepteur à Remy.
Pau'et, percepteur à Senlis.
Pelletier, percepteur à la Chapelle.
Pernet, percepteur à Bethisy.
Perrier, percepteur à Bray.
Poileu, percepteur à Cires.
Pontalba (le baron de), chevalier de Saint-Louis à Pont-l'Evêque.
Poulle, percepteur à Verberie.
Poulletier (Jean-Baptiste-Simon), propriétaire à Compiègne.
Poulletier d'Entreval, maire de Cambrene.
Poultier, président du tribunal civil de Compiègne.

Quinard, percepteur à Glaignes.

Reau, percepteur à Roye-sur-le-Matz.
Remy, percepteur à Roye.
Rigeasse, percepteur à Autresches.
Rivet, juge de paix du canton d'Etrées-Saint-Denis.
Rollepot (de), percepteur à Pont-Sainte-Maxence.

Saint-Maurice (M. de), à Compiègne.
Saint-Paul (de), receveur particulier à Senlis.

Thierry, percepteur à Margny.
Thiery, percepteur à Moncly.
Thirion, percepteur à Attichy.
Troussel, payeur de la couronne à Compiègne.

Valla, percepteur à Gondreville.
Vaudeville, percept. à Gouvieux.
Vélé, percepteur à Guiscard.

MM.
Velé, percepteur.
Villais, percepteur à Baron.

Villeneuve, percepteur à Cuvilly.
Wable, percepteur à Rouvres.

DÉPARTEMENT DE L'ORNE.

MM.

Achille, comte d'Ericq, au bois Guillaume.

Chabrières (le baron de), chevalier de Saint-Louis, maire de Bellesme.

Conseil municip. d'Alençon (le).

Percepteurs de Domfront (MM. les).

Percepteurs de Mortagne (MM. les).

Receveur général du département (M. le).

Receveur particulier de Domfront (M. le).

Receveur particulier de Mortagne (M. le).

Simiane (Mme de) à Collongne.

DÉPARTEMENT DU PAS-DE-CALAIS.

MM.

Alexandre, peseur juré à Béthune.
Attaquant (Mme veuve) de Saint-Pol.
Audibert, nég. à Boulogne.
Baudelet, percepteur.
Baudoin, contrôleur à Montreuil.
Benard, percepteur à Calais.
Bergaigne d'Arras (le comte).
Bernard (de Colonne), à Béthune.
Boitel, percepteur.
Boussemart, directeur du Mont-de-Piété.
Bras, employé au Mont-de-Piété à Arras.
Brassier, contrôleur des contribut.
Brios (de), maire de Brias.
Branquard, propriétaire à S.-Pol.
Brillard (Mme), buraliste.
Bucquieres (de la).

Cadzal, Cultivateur à Nozele.
Caron, contrôleur à Aire.
Carré, maire à Concourt.
Cavenel, receveur des domaines.
Cavrois, contrôleur des contributions à Arras.
Chrétien, maire à Gouy.
Collin, percepteur à Calais.
Conseil municip. de Boulogne (le).
Conseil de préfecture du Pas-de-Calais (MM. les membre du).
Corne, receveur princip. à S.-Pol.
Crespin de S.-Pol.

Coupé, ex-religieux.
Courant, contrôleur à Arras.
Cuvillier Dinel, chef de bureau à la mairie, à Arras.
Dauvin, juge de paix à Woil.
Dauzel, contrôleur des contrib.
Daverdoing, maire de S.-Pol.
Defonte, cultivat. à Concourt.
Delambre (Mlle), de Haine.
Delachaise, préfet.
Delmart, payeur général du département.
Deprey, receveur à Saint-Omer.
Detape, notaire à S.-Pol.
Devienne, à Gouy.
Didier, notaire à Saint-Pol.
Donjon, propriétaire.
Dourtre, à Hernicourt.
Dubourg, contrôleur à Montreuil.
Dufresne, à Béthune.
Duhamel (la vicomtesse), à Saint-Remy.
Dutertre, premier adjoint au maire de Boulogne.
Dutremblay, percepteur à Calais.

Effroi, employé au Mont-de-Piété à Arras.
Entraigues (d'), sous-préfet de Saint-Pol.
Ession de Saint-Oeron, sous-préfet à Montreuil.

4

MM.
Even, à Saint-Pol.

Gallien, directeur des douanes à à Boulogne-sur-Mer.
Garde nationale d'Arras (les musiciens de la).
Gardin (de), à Aix.
Gauthier, contrôleur à Hesdin.
Gellet, contrôleur à Béthune.
Grand-Sire, président du tribunal.
Guffroy, à Aix.
Guffroy, président du tribunal de Saint-Pol.
Gourjet, contrôleur à Béthune.
Guy, percepteur à Calais.

Hapret, cultivateur à Servins.
Harlé, receveur général.
Hérard, de Saint-Pol.
Herlincourt (d'), maire d'Arras.
Hervel, cultivateur à Servins.
Hachedez, cultiv. à Concourt.
Hubert, direct. des contributions.
Huze, arpenteur.

Jesseine, propriétaire.
Jesseine, propriét. à Saint-Pol.
Joly, recev. particulier à Béthune.
Jouanne, principal du collége à Saint-Pol.
Jouanne, procureur du roi à Saint-Pol.
Jovenet, propriétaire à S. Pol.

Lallart, maire à Arras.
Lalleau (de), maire de Béthune.
Lalon, sous-inspect. des forêts.
Lefebvre, recev. part. à Montreuil.
Legache, prêtre à Servins.
Lhermite, contrôleur à S. Omer.
Lemarié, contrôleur des contributions à Arras.
Lenfant, cultivateur à Servins.
Lerique, garde champêtre.
Letoile, à Hernicourt.
Levert, percepteur à Calais.
Liger.
Linque.
Loge de la Fidélité, à Hesdin.
Lombard, de Saint-Pol.
Lourne ménager.

Mamonet, secrétaire de la mairie de Saint-Omer.

Mancel, percepteur à Calais.
Maniette, employé au Mont-de-Piété à Arras.
Mariette, à Arras.
Masse, juge de Saint-Pol.
Masson, employé des impositions directes.
Méquignon, marchand.
Mesnard, desservant.
Millet, employé au Mont-de-Piété d'Arras.
Mordaque, tailleur à Béthune.
Moronval, employé au Mont-de-Piété à Arras.
Mouton, à Hernicourt.

Neuveglise, substitut à Saint-Pol.

Paix, percepteur à Arras.
Panier, contrôleur à Boulogne.
Parmentier, maire d'Ovignes.
Pecqueur (Mme v^e), rentière.
Percepteurs (les) de l'arrondissement de Boulogne.
Percepteurs de l'arrondissement de Montreuil (les).
Petit, employé des impositions directes.
Pionnier, cultivateur à Concourt.
Pierrequin (v^e), prop. à Hernicourt.
Poillon, propriétaire à Wavrans.
Poillon, propriétaire à S. Pol.
Poste d'Arras (M. le directeur de la).
Poste d'Arras (MM. les employés de la).

Regnier, commissaire de police à Saint-Omer.
Regnier (Mme), à Gouy.
Robail, propriétaire à Saint-Pol.

Rocquigny de Préville, propriétaire (Mme de).
Rodrigue, juge de paix à Berlincour.
Roler, maire.
Roode, percepteur.
Rose (Mme v^e), de Saint-Pol.
Roussel, curé de Watrenuse.
Roussel de Preville (le chevalier).
Roussel de Preville (Mlles).

Saint-Yve, à Gouy.
Salmon, cultivateur à Gouy.
Sauvage, percepteur à Arras.

MM.
Seilliez, percepteur.
Servatius, propriétaire.
Simon, percepteur.
Sta, receveur des domaines.

Tanchon, contrôleur à Saint-Pol.

Ternaux, recev. partic. à Boulogne.
Thibaut, à Saint-Pol.
Tobat, propriétaire à Saint-Pol.

Veniel, à Saint-Pol.
Verhocq (de), maire à Montreuil.
Villain, propriétaire.

DÉPARTEMENT DU PUY-DE-DÔME.
MM.

André, à Pronsal.

Bideau, à Pronsal.
Buthuel, à Pronsal.

Champanier, à Pronsal.
Couchon, à Pronsal.

Delplume, élève de Juliers.
Dupaturel (Mme), à Ambert.

Jaladon (Mme v^e), à Pronsal.

Landriot, imprimeur à Clermont-Ferrand.

Malet de Vendigre, membre du conseil à Pronsal.
Maugerel, à Pronsal.
Morel, à Pronsal.

Pradon, à Pronsal.
Procras, à Pronsal.

Receveur gén. (le) du départem.

DÉPARTEMENT DES BASSES-PYRÉNÉES.
MM.

Casadavant (Jean), Béarnais.

DÉPARTEMENT DES HAUTES-PYRÉNÉES.
MM.

Barbanègre, receveur général.
Barrère, conseiller de préfecture.
Boileau, payeur.

Darbaud-Jouques, préfet.

Dizac, curé à Pouyastrac.
Dupierris ainé, négociant à Tarbes.

Laboulinière, secrétaire général.

Vivant, juge de paix à Brancelin.

DÉPARTEMENT DES PYRÉNÉES-ORIENTALES.
MM.

Delcros-Rodor, commissaire du roi près la monnaie de Perpignan.

Dorly, directeur des impositions indirectes.

Duhamel (le comte), préfet.

Loge des Amis de l'Union, à Perpignan.

Villiers du Terrage, ancien préfet.

DÉPARTEMENT DU BAS-RHIN.
MM.

Alpey, de Strasbourg.
Annel, négociant.

Arnaut.
Augé.

MM.
Bappe.
Barbier, secrét. gén. de la mairie.
Barrois, chanoine honoraire.
Bauer, membre de la Légion-d'Honneur.
Benon, homme de loi.
Bignon, de Strasbourg.
Bochon.

Cadet.
Collain, chanoine honoraire.
Couleaux frères.

Daudet, receveur des domaines.
Delaville, receveur des domaines.
Descharrières, ancien jésuite.
Dietrich, membre du conseil municipal.
Drentz, négociant.
Doumerc-Belon, receveur génér.
Ducros.
Duiave, avoué.

Ferraud, receveur particulier à Salerne.
Ferry, receveur de l'enregistrem.
Fischer, huissier.

Gultermoyel.
Gau frères.
Hallez, adjoint au maire de Strasbourg.
Hallez, notaire.
Harbaner (André).
Heivet (Joseph).
Hermann, juge suppléant.
Hersten, maître maçon.
Hussel, receveur à Haguenau.
Hussel (Joseph).

Kaym.
Koescler.

Lambert, sous-préfet à Weissembourg.
Laurent, notaire.
Laverne de Peyredoselle, rentier à Saverne.
Legoindre, garde-magasin.
Levrault, conseiller de préfecture.
Loge de la Triple-Union, à Weissembourg.

Magnier-Grandpré, député.

Merkel.
Miennet, négociant.
Morslein.
Morrus.

Noel.

Oberlin, juge de paix.
Oltmann, commissaire de police.
Oppermann, négociant.
Ostermann, notaire à Salerne.

Paulus.
Picquet.
Picquart, garde-magasin.
Poinssignon (Antoine).
Poinssignon, curé.
Prodré, adjoint au maire de Strasbourg.

Rebel, membre du conseil général du département.
Rebouillet, instituteur.
Receveur particulier de Weissembourg (le).
Resne (Joseph).
Reissenbrack (Mme).

Saganelle.
Sautier, professeur.
Schuellenbuzel.
Schwesghausen, doyen de la faculté des lettres.
Schweren, receveur de l'hospice.
Schwends père.
Schwiroutz, receveur de l'enregistrement.
Stern, officier de santé.
Stocher, receveur à Weissembourg.
Streiker (Mme v^e).
Streffler.

Thomassin, direct. des domaines.

Vineister.
Villemin, sous-préf. de Haguenau.

Waugen de Gerolteck (MM.).
Weissembourg (la ville de).
Weyss, adjoint au maire de Newiller.
Worstadt (de).
Wurmser (le baron Frédéric de).

Zeller (B.), négociant.

DÉPARTEMENT DU HAUT-RHIN.

MM.

Bernier, receveur général.
Brunet de Privesac, inspecteur des contributions directes.
Castéja (le comte de), préfet du Haut-Rhin.
De Gillaboz, à Colmar.
Muller (le baron de), maire de Colmar.
Séguret, directeur des contributions directes.

DÉPARTEMENT DU RHÔNE.

MM.

Agriculture de Lyon (la soc. d').
Andrieux, percepteur.
Bataille, percepteur.
Bongy, prêtre de Villefranche.
Carrot, prêtre de Villefranche.
Charvet, prêtre de Villefranche.
Chassagne (le baron de la), à Lyon.
Chatelas, percepteur.
Damis (MM.), de Villefranche.
Dussurge, prêtre de Villefranche.
Duvernoy, ancien curé à Villefranche.
Gailleton, percepteur.
Gairal, sous-préfet de Villefranche.
Genevey, curé à Villefranche.
Girard, de Lyon.
Gurgie, percepteur.
Guyonnet, percepteur.
Humblot, adjoint de Villefranche.

Médecine de Lyon (la société de).
Michon, percepteur.
Mondésert, négociant à Villefranche.
Morel, percepteur à Villefranche.
Nivierre, receveur général.
Noailles (Alexis de), commis. du roi.
Notaires (les) de Lyon.
Pellegrin, négociant à Lyon.
Perraud-Abadier, négociant de Villefranche.
Religieuses, à Villefranche (les).
Religieuses de Sainte-Marie (les).
Remy de Campéon, receveur particulier à Villefranche.
Reveroy (Antoine), à Lyon.
Rivoire (de), avoué à Villefranche.
Sagnier, de Villefranche.
Vesay, négociant à Lyon.

DÉPARTEMENT DE LA HAUTE-SAÔNE.

MM.

Adjoints (les) au maire de Gray.
Amey, percepteur.
Bailly, avocat.
Barizier, percepteur.
Baulmont, contrôleur des postes, à Vesoul.
Beaux, arpenteur forestier, à Lure.
Begeat, propriétaire à Lure.
Berthod, maire à Lure.
Blancpied, percepteur.
Boissan, principal du collège de Vesoul.
Bolat-Chauvillerain, propr. à Lure.

Boudat, contrôleur de la marque d'or.
Boudat, secrétaire de la mairie à Vesoul.
Boullier, percepteur.
Bouvenet, percepteur.
Bouverey, percepteur.
Bresson, secrétaire de la préfecture à Lure.
Brouhot, percepteur.
Bruley, percepteur.
Cardot, juge à Lure.
Chardot, percepteur.

MM.

Coëtlosquet (le baron de), sous-préfet à Lure.
Commissaire de police (le) à Gray.
Commiss. de police (le secrét. du).
Contributions directes (MM. les directeur et contrôleurs des).
Contribut. dir. (M. l'inspect. des).
Coquard. recev. des hosp. à Vesoul.
Crestin, sous-préfet à Gray.

Dodeman, avoué à Vesoul.
Domaines (M. le directeur des).
Domaines (les employés des).
Duboy, juge au tribunal de commerce de Gray.

Eglin, percepteur à Plancher-Bas.

Ferrard, percepteur.
Flavigny (le comte de), préfet.
Flavigny, curé de Vesoul.
Fournier, percepteur.
Fremy (Mlle), propriétaire à Gray.

Gallois, sous-préfet à Lure.
Genevroy, directeur des postes à Vesoul.
Gerard (Jean), chevalier de la Légion-d'Honneur.
Gousset, percepteur.
Gousset, receveur.
Granvelle (de), payeur à Vesoul.
Gray (le directeur des impôts indirects de).
Grobert, notaire à Lure.
Grosey, présid. du tribunal de Lure.

Huvilin, juge suppléant à Gray.

Impositions indir. (le direct. des).
Impositions indirectes (MM. les inspecteur et préposés).
Impositions indirectes (MM. les employés des).
Jacquot, percepteur.

Junot, receveur général.

Lafontaine, propriétaire.
Léné, avoué à Lure.
Loge des Cœurs-Réunis de Vesoul.
Lure (Plusieurs habitans de).

Maire (le) de Gray.
Michel, juge de paix à Lure.
Millot, percepteur.
Millotte, procureur du roi à Lure.
Mongeat, percepteur.
Mougin (Jean), arpenteur forestier à Lure.
Mulot, avoué à Lure.
Multon, percepteur.

Nancey, percepteur.

Paillotet, greffier de paix.
Passay, ingénieur à Vesoul.
Pathiot (v^e), propriétaire à Vesoul.
Pechur, percepteur.
Petit, percepteur.
Petit-Renaud, percepteur.
Pinard, propriétaire à Vesoul.
Pommier, percepteur.
Princet, avoué.

Revan, juge au tribunal de commerce de Gray.
Roussel, professeur au collége de Vesoul.
Rousset, recev. particul. à Gray.
Royer, marchand.

Tranchant, percepteur.
Tribunal civil (le) de Vesoul.

Van Drimey, chevalier de Saint-Louis à Vesoul.
V. Pervandry (le marquis de), maire de Marny.

Yautey, percepteur.

DÉPARTEMENT DE SAÔNE-ET-LOIRE.

MM.

Académie de Mâcon (les membres de l').
Adjoints de Châlons (les).
Adjoints de Bourbon-Lancy (les).

Archambeau, ancien maître des comptes.
Arnoux-d'Epernay, chevalier de Saint-Louis.

MM.
Beaurepaire (le marquis de).
Bellocq (Gabriel), sous-préfet à Louhans.
Bidault, propriét. à Montérêt.
Bierzy (la commune de).
Bleton, receveur particulier.
Boudier, procureur du roi.
Branges (de), sous-préfet à Louhans.
Briaud, prêtre à Saint-Pierre.
Broissia (le chevalier de), maire de Chantré.
Bruailles (la commune de).
Bruys, maire de Tramays.
Bulliot, maire de Montbelles.
Bulot, propriétaire à S. Germain.

Canuet, propriétaire à Sagy.
Carrel, maire à Saint-Jean-Lepleche.
Chardonnay-Gabuleau, à Plalles.
Chardonnay-Large, à Plalles.
Chaintré (de), à Chaintré.
Chareat, préposé aux subsistances.
Charmant, maire de Viré.
Charolles (la ville de).
Chevau, propriétaire à Lais.
Clax (la commune de).
Clément (Gabriel), adjoint à Saint-Pierre.
Collége de Louhans (le).
Conseil de préfecture du département (le).
Conseil municipal de Châlons (le).
Courdier, propriétaire à Bois-Jean.
Courdier, propriétaire à Saillenard.
Couchat, notaire à Toulon-sur-Arroux.
Courdier, propriétaire à Frangy.
Cuisery (la commune de).

Danneron, à Plalles.
Delatour, maire de Lugny.
Desabrez, propriétaire à Huilly.
Dode, à Plalles.
Doria, chevalier de Saint-Louis.
Duchamp, notaire à Lugny.

Emiland-Mouchanin, propriétaire à Toulon-sur-Arroux.

Finance-Moncrif (de), adjoint de la comm. de Toulon-sur-Arroux.

Focard, curé de Saint-Pierre.
Fondet, propriétaire à Bellevre.
Fontaine, receveur de l'enregistrement à Lusigny.
Fouilloux, desservant à S. Pierre.
Gaillard, à Plalles.
Galland père, propriétaire à Gigny.
Gauteron, propriét. à Mouhiers.
Gauthier, direct. des impositions.
Germain (le comte), préfet.
Gengoux (la commune de).
Gigny (la commune de).
Guigon, propriétaire à Boulange.
Guyon l'aîné, ancien garde de la porte.
Guillemont, propriétaire à Saint-Usage.

Impositions (MM. les employés des).

Jacob (Claude), propriétaire à Toulon.
Jacob, ancien juge de paix.

Large, à Plalles.
Larmagnac (de), président du tribunal.
Laroux père, greffier du tribunal de Mâcon.
Laroux fils, greffier du tribunal de commerce de Mâcon.
Laurent, greffier à Toulon-sur-Arroux.
Lenard (la commune de).
Lejeune, directeur de la poste à Mâcon.
Lemaire, de Bourbon-Lancy.
Lemaire, de Châlons.
Loge de la Bienfaisance d'Autun.
Louhans (la commune de).
Lyaulay de Calombes de Bruailles.

Mathieu, maire de Saint-Vincent-lès-Braque.
Michel, propriétaire à Dommartin.
Moissonnière, propriétaire à Mont-Pont.
Montagnon, préposé aux transports militaires.
Moreau, à Plalles.
Montanis (la commune de).
Munier, receveur des contributions.

MM.
Niepre, maire de Plalles.
Notaires de Louhans (les).

Oudot, propriétaire à Savigny.
Olivier, maire de Bissy.

Pagny, juge de paix à Mâcon.
Paray (la ville de).
Perrin, à Plalles.
Pie, commandant la garde nationale à Savigny.
Pierre-Clos (la commune de).
Pommier, juge de paix.
Préfecture de Saône-et-Loire (MM. les employés de la).
Prieur, propriétaire à Cuisery.

Rey, fournisseur des bois de chauffage.
Rigoin (la commune de).
Rodet, à Plalles.
Rolland, maire d'Hurigny.

Saint-Bonnet (la commune de).
Saint-Yar (la commune de).
Seclier, percepteur des contributions à Toulon-sur-Arroux.

Seclier de Giverde, propriétaire à Toulon-sur-Arroux.
Sennecy (la société de l'arc de).
Septier (Guillaume), curé à Toulon-sur-Arroux.

Tarlé, maire à Saint-Pierre.
Tarlet aîné, propriétaire à S. Pierre.
Thuriset, à Plalles.
Tillard, inspecteur des contributions directes.
Tournus (la ville de).
Tramayes (la commune de).
Tribunal de Mâcon (les membres du).
Tribunal de Mâcon (MM. les avoués près du).
Tupinier, secrétaire de la préfecture.
Turbet, payeur du département.

Verdière, curé de Lugny.
Vinbeau-Blagues, juge de paix à Toulon-sur-Arroux.
Viré (la commune de).
Vitalis, directeur des contributions.
Voluet (de), juge de paix.

DÉPARTEMENT DE LA SARTHE.

MM.

Adjoint (l') de Genêt.
Adjoints (les) de Mamers.
Allais (Mlle Louise).
André (Mlle), à Sillé-Guillaume.
Anonyme (un) de la commune de Vibraye.
Anonymes (quatre).
Auguy (v^e).
Avezé (divers habitants de la commune d').

Baguenier (Mlle), propriétaire à Bonnétable.
Baigneux de Courceval, au Mans.
Ballon (la commune de).
Baratte, notaire à Lude.
Bardet, percepteur.
Bardon père, juge au Mans.
Barré, juge de paix à Mamers.
Barville (v^e), à Mamers.
Bataille, boucher.
Bauzon, officier de santé à Sillé-Guillaume.

Bazoge, de Segré.
Bazouche (la commune de).
Bayard de la Vingterie, maire de Sargé.
Beauclair (Julien).
Beauclair (Mme de), à Bonnétable.
Beaudelair, à Teillé.
Beaufils, à Teillé.
Beaufils (René), à Teillé.
Beauvais (de), à Saint-Pol.
Beauvais (de), à Mamers.
Beaussier, maire de Marolles.
Bellenger.
Bellenger, garde champêtre à Teillé.
Bellenger, propriétaire à Pont-Vallain.
Berard frères, à Pont-Lieu.
Bergault, greffier.
Bernay (divers particuliers de).
Besnard, percepteur à Saint-Denis-d'Arques.
Bienvenu, notaire à Mamers.

MM.
Bigot, curé.
Bignon, desservant à Savigné.
Billard (Fleury), employé à la préfecture.
Biré de Fontenay (Mme de), au Mans.
Blin (v^e).
Blisson, propriétaire à Pont-Vallain.
Blot, maire de Segré.
Blu (le chevalier).
Bluet, greffier du juge de paix à Lude.
Bodin, maire à Savigné.
Bodin, maire d'Epinay.
Bodin, à Sillé-Guillaume.
Boivin, à Bonnétable.
Boivin, à Coulie.
Bondvin, instituteur à Parigné-l'Evêque.
Bonne aîné, propriétaire à Lude.
Bonnefier, maire à Saint-Gervais.
Bouchard, marchand à Lude.
Boucher-Latouche, notaire à Mamers.
Boucher, secrétaire de la mairie à Mamers.
Bougard, percepteur à Teillé.
Bougart, à Teillé.
Bougler.
Boulay (Mlle), débitante de tabacs.
Boulay, à Mayet.
Boulay-Piard, marchand à la Ferté-Bernard.
Boulay, propriétaire à Pont-Vallain.
Boulard de Lavardin (Mlle).
Bronsard, percepteur des contributions à Boulaire.
Bourcé, propriétaire à Lude.
Bourgine-l'Etang (v^e), propriétaire à Sillé-Guillaume.
Bourgoin, à Mayet.
Boulaux, à Saint-Ulphare.
Boutelon, chirurgien.
Bouthier, adjoint à Pont-Vallain.
Boyvier (v^e).
Braufay (divers habitans de).
Brault, curé à Saint-Remy de Sillé.
Brébion, à Mamers.
Breton, curé à Savigné.
Breuchet, curé à Pont-Vallain.
Brisson, prêtre à Lude.
Brousset, notaire.
Buon (Marin), de Vallanbain.
Bure, substitut à Mamers.
Busson (Gérard), à Bonnétable.
Butet, propriétaire à Mamers.
Calmir, receveur de l'enregistrement de Lude.
Campeau, ex-maire.
Campeau, notaire à Savigné.
Carel-Lamarre, à Mamers.
Champion de Lavardin.
Chantereau, curé de Rouillé.
Chanteray (dix-sept habitans de la commune de).
Chapelain-Durocher, à Mamers.
Chapelle, curé à Souligné.
Chardon, à Saint-Ulphare.
Charlot, cultivateur à Bernay.
Chaudemance, curé à Mareil.
Chauvel, maire à la Ferté-Bernard.
Chauvin (v^e), à Mamers.
Chavaigne (de), maire.
Chemancelier, à Saint-Ulphare.
Chenais (le chevalier), à Mamers.
Chenon, propriétaire à Lude.
Cheron, propriétaire à Bonnétable.
Cherouvrier (Mlle), propriétaire à Chanternay.
Cherrière.
Chevalier de Segné.
Chevalier de Lavardin.
Chevalier, maire de la commune de Chanternay.
Chevalier, maire à Saint-Remi de Sillé.
Chevreau, notaire à Saint-Gervais.
Chevreul, curé à Coulie.
Chevrieux, à Yvré-le-Polin.
Chiconasme, marchand à Pont-Vallain.
Chicault (v^e), à Savigny.
Chouanet, juge à Mamers.
Collége (le), du Mans.
Comne, adjoint à Neuvillalais.
Contencin, sous-préfet à Mamers.
Cosson (Joseph), meunier.
Coudray, precepteur à Volnay
Coudreux, propriétaire au Mans.
Couet, percepteur.
Coulombre Duplessis, maire à Sillé-le-Guillaume.

MM.
Coulon (v^e), à Bonnétable.
Coulongé (divers habitans de).
Courtilliers (divers habitans de)
Cour d'assises du Mans (la).
Cousin (Mlle), à Bonnétable.
Crespin de Chère, à Savigné.
Crespin de Chère, fils, au Mans.
Crinnir. au Mans.,
Crochard de Saint-Pol (de).
Curé (le) de Moncé.
Curé (un) du canton de Laferté-Bernard.
Curé (le) de Bonnétable.
Curé (le) d'Aulaine.
Curé (le) de Saint-Marceau.
Curé (le) de Saint-Michel.

Dandigné, maire de Maigné.
Dandigné, maire de Noyen.
Daudin, ingénieur en chef des ponts et chaussées.
Debroc, propriétaire à Lude.
Degoulet, percept. à Yvré-le-Polin.
Dhelomeau (v^e).
Dehemant née de Flavigny (Mme), à Saint-Calais.
Dehemant, receveur principal des droits réunis à Saint-Calais.
Delacharbotière, percepteur à Mamers.
Delage, percepteur à Vouvraye.
Delaitre, percepteur.
Delamarre (v^e), à Mamers.
Delasavonnières, propriétaire au Grand-Lucé.
D'Elebée, au Mans.
Deloi, desservant, à Mézieres.
Delonglai de Mondragon, à Labosse.
Derouet, percepteur.
Desarée, maire de la commune de Sarcé.
Desservant (le) de Saint-Côme.
Desforges, ex-secrétaire général.
Desmery, payeur au Mans.
Dessay, percepteur.
Dessé, boucher à Bonnétable.
Destrichet, propriétaire à Lude.
Devignole (Chartier).
Disbois, notaire et maire d'Yvré-le-Polin.
Dohin de la Poterie, à S. Pavin.
Dorlange (le chevalier), au Mans.
Dormineau (v^e), à Lude.

Douet aîné, maire à Theloché.
Drouault, percepteur à Coulongé.
Drouard, notaire au Mans.
Drouin, percepteur à S. Ulphare.
Dromis, à Mamers.
Dubois, prêtre adjoint à Yvré-le-Polin.
Dubois, percepteur.
Dubois, ancien avocat à Mamers.
Dubois, chirurgien à Laferté-Bernard.
Dubray, percepteur.
Ducan, maire à Chernes.
Dufin, à Coulie.
Dufour, notaire.
Duhoux, percepteur.
Duperrier, prêtre desservant à Lavernes.
Dupont, propriétaire à Bernay.
Duport, prêtre à Dinay.
Dupuy, à Mayet.
Durand (Mlle), propriétaire au Mans.
Dureau de Montcrif, au Mans.
Duriveau, conservateur des hypothèques.
Duval (François), fabricant de toile.
Duval (v^e), à Sillé-le-Guillaume.
Duval, principal du collége.
Duvangoin (v^e), au Mans.

Emery, greffier à Marolles.
Engoulvent (Mme), à Sillé-le-Guillaume.
Esnault (François).
Espaulard, conseiller de préfecture.

Fay-Brésardière.
Fay, chanoine.
Fay (v^e), au Mans.
Fay, propriétaire.
Filoleau, chirurg. au grand-Lucé.
Filoleau, boulanger à Pontvallain
Flèche (la ville de la).
Fleury, tanneur à Mamers.
Fleury, à Coulie.
Fleury, percepteur.
Foisy (de), au Mans.
Follen (Mlles de), à Lude.
Follen (de), aîné à Lude.
Fortin, chirurgien.
Fosset (père), propriétaire.
Foubert, tanneur au Mans.
Fouqué, curé de Lognes.

MM.

Fouray, receveur des contributions à Lude.
Foussard, percepteur.
Fréare, contrôleur de la poste aux lettres au Mans.
Fréson, curé à Sillé-le-Guillaume.
Fresnais, percepteur.
Fretté, marchand cirier.
Fribourg (de), au Mans.

Gabriel, à Saint-Côme.
Gallien, receveur.
Gallois, à Bonnétable.
Gallois, receveur de l'enregistrement à Bonnétable.
Gannichont, marchand.
Gargan, au Mans.
Garnier, percepteur.
Garnier, ancien directeur des domaines.
Garnier.
Garnier, propriétaire.
Gasselin, percepteur à Souligné.
Gâté, juge de paix à Loué.
Gence (divers habitans de).
Gérard, maire à Saint-Pater.
Germain père, ancien contrôleur des aides au Grand-Lucé.
Geslin, maire.
Gilbert, à Coulie.
Ginet, maire de Beaumont.
Girard père, propriét. à Mamers.
Girouardière (de la), à Souligné.
Godefroy, à Boisne.
Godelier, à Vion.
Godelier (Mlles), à Vion.
Gonet, huissier à Mamers.
Gonot, adjoint à Bonnétable.
Gosselin, propriétaire.
Goumenault (v^e), à Lude.
Goumenault (Desplantes), à Lude.
Goupil, curé de Courcemont.
Goupil, receveur général.
Gourdin (Mme Adelaïde), propriétaire au Mans.
Gremche, vicaire de Laferté-Bernard.
Gremillon, percepteur à Moncé.
Grignon, maire à Marolles.
Grudin, curé à Yvré-le-Polin.
Gueneau, marchand
Guerin, vicaire à Mamers.
Guillet, huissier à Sillé-le-Guillaume.

Guillenard (Martin), marchand au Mans.
Guinault, juge de paix à Marolles.
Guillot (Mme), à Pontvallin.
Guillot de la Poterie, percepteur.
Guillot de la Poterie, maire à Rouillé.
Guyand.
Guyet, propriétaire à Pontvallain.

Hamon, maire à S. Denis-Dorgues.
Hamon, entreposeur général des tabacs.
Haran, négociant à Lude.
Hardian, prêtre desservant à Coulongé.
Hardouin, à Souligné.
Hardouin, à Bonnétable.
Hardouin (v^e Denos), à Mamers.
Hatescare, instituteur.
Henzard Gilles, cultivateur.
Henzard, à Leitté.
Herbet, maire de Coulie.
Herisson de Villiers, propriétaire à Sargé.
Héron, percept. à Yvré-l'Evêque.
Herte-Morville, maire à Vaas.
Hilaire, à Mamers.
Hiron, propriétaire à Sillé-le-Guillaume.
Hivure, de Segré.
Huet, propriétaire.
Huet, à Coulans.
Hulot, percepteur.

Impositions indirectes (les employ. des).

Jamart Félix (Mme) au Mans.
Jamart Félix, au Mans.
Jamin, instituteur primaire à Yvré-le-Polin.
Jaubert, épicier à Mamers.
Joliai, épicier à Mamers.
Jolivet, curé de Saint-Georges-du-Bois.
Joly, receveur à Mamers.
Jouannault (v^e).
Jouannaux, à Tillé.
Jouannaux.
Jonin, propriétaire.
Jousset, avoué à Mamers.
Jupteau, ouvrier au Mans.

Labbé, huiss. à Sillé-le-Guillaume.

MM.

Lachesne, curé de Laferté-Bernard.
Lacroix, chapelain.
Lair, percepteur.
Lalande Pierre, adjoint.
Lambert (Mlle), à Coulie.
Lambert, receveur de l'enregistrement à Sillé-le-Guillaume.
Lancelin, tanneur.
Lancelin, notaire au Mans.
Landel, notaire au Mans.
Laneau, greffier à Sillé-le-Guillaume.
Langlois, desservant de Moncé.
Laporte, à Lavardin.
Laporte de Volnay, propriétaire au Mans.
Laubardière, prêtre à Neuville.
Laudies (Mlle Louise), à Bonnétable.
Launay, à Coulans.
Levallard, percepteur.
Lebailleul.
Leballeur, notaire à Mamers.
Leballeur de l'Ille, maire de Lude.
Leballeur Villiers, procureur du Roi à Mamers.
Lebele, chirurgien au Mans.
Lebleu, curé de Souligné.
Leboue, curé à Verneuil.
Lebrive (Mme), de Segré.
Lecamus, propriétaire à Lude.
Leclere (Mme), propriétaire au Mans.
Lecomte, à Saint-Ulphare.
Lecoq père, juge de paix.
Lecoq fils, maire.
Lecoq, à Teillé.
Lecoq.
Lecouble, boulanger.
Ledivin, notaire à Chanternay.
Ledouarin, ingénieur du cadastre.
Ledoux, inspecteur des eaux et forêts.
Lefebvre, tailleur au Mans.
Lefebvre, curé à l'Hommes.
Lefebvre (Louis), cultivateur.
Lefebvre, boulanger.
Lefebvre (Jacques), adjoint.
Lefebvre (Jean),
Lefebvre, maire de Souligné.
Lefebvre, curé à Gênes.
Lefebvre, adjoint à Teillé.
Lefebvre, à Teillé.
Lefeuvre, maire de Bernay.

Lefort, vicaire à Pontvallain.
Lefrançois, à Saint-Ulphare.
Legendre, à Bonnétable.
Legros, à Coulans.
Lejay-Chevreux, maire à Saint-Vincent.
Lelasseux, propriétaire à Noyen.
Lelet – d'Aubigny, receveur de l'enregistrement au Mans.
Leloup (Auguste), au Mans.
Lemaître, de Segré.
Lemarchand, percepteur.
Lemay, propriétaire à Saint-Côme.
Lemercier, maître d'écritures au Mans.
Lemesle, suppléant du juge de paix à Sillé-le-Guillaume.
Lemesle, vicaire à Coulie.
Lemesnagé, curé de Segré.
Lemeunier, à Pontvallain.
Lemire, directeur de la poste aux lettres, à Lude.
Lemore, propriét. à Chanterray.
Lemore (v^e), a Bonnétable.
Lenormand, instituteur au Mans.
Lepault, président à Mamers.
Leret, percepteur.
Leroy, maire d'Avizé.
Leroy, greffier à Pontvallain.
Leroy (René), de Mareil.
Lesage (v^e), à Saint-Ulphare.
Lesassier, à Bonnétable.
Leteissier, marchand à Bernay.
Letourneau (Mlle), à Bonnétable.
Letourneur – Vossiry, avocat à Mamers.
Leuffroy, directeur de la poste aux lettres au Mans.
Levêque, percepteur à S. Côme.
Lherbette, maire de la commune de Coulongé.
Lherbette, maire d'Issay.
Ligeret (Julien).
Livet, à Bonnétable.
Livet, fils à Bonnétable.
Locard, prêtre à Saint-Vincent.
Lochet.
Loclet, à Teillé.
Loge d'Eleusis (la), à la Flèche.
Loiseau – Lainé, propriétaire à Malicorne.
Loiseau, à Malicorne.
Longlay (de), Saint-Michel.
Longraine, garde-magasin des vivres au Mans.

MM.

Lorieux, propriétaire à Lude.
Luard (du), le marquis.
Luza, à Bonnétable.

Mahoux, propriétaire à Lude.
Maigné à Bonnétable.
Maignet, ancien magistrat à Mamers.
Maire (le), de Mamers.
Maire (le), de Saint-Marceau.
Maire (le), de Mareil.
Maire (le), de Gènes.
Malé, propriétaire à Mamers.
Malhabe, propriétaire.
Malicorne (divers habitans de).
Mareil (divers habitans de).
Mallet, juge de paix à Coulie.
Malter, contrôleur principal à Mamers.
Mansi (Mlle), à Sillé-le-Guillaume.
Marquis Ducastel, curé à Marolles.
Maretené (Mme de)
Martener (de), à Saint-Pater.
Martigné, notaire, au Mans.
Martineau.
Martineau, marchand cirier à Sillé-le-Guillaume.
Martineau, adjoint à Sarcé.
Martineau, adj. à Sillé-le-Guill^{me}.
Mary (Mlle), au Mans.
Mascarel, juge de paix à Sillé-le-Guillaume.
Massat, huissier.
Mayet (la commune de).
Mazel, de Laval.
Mazier, employé des droits réunis.
Meillet, sous-préfet par *interim* au Mans.
Mercier, maire à Cherancé.
Mercuit, à Mamers.
Merle (Mme), religieuse au Mans.
Mézières (de), directeur des impositions indirectes.
Mézières (la commune de).
Mocquereau, notaire à Sillé-le-Guillaume.
Moisy, percepteur.
Mollet, sous-inspecteur des forêts au Mans.
Moncelet, march^d à Yvré-le-Polin.
Mongendre, huissier au Mans.
Mongnillon, marin.
Montagnac (Mme), ancienne abbesse de la Périne.

Montaillé (la commune de),
Moreau Detouche, propriétaire au Mans.
Moreau, adjoint à Lude.
Moreau, chirurgien.
Morendière, receveur de l'enregistrement à Mamers.
Morice, curé à Mamers.
Morin, cultivateur à Bernay.
Mortier (aîné), orfèvre à Mamers.
Motreuil, à Bonnétable.
Motreul, percepteur à Beaufay.
Moulé (Mlle), à Sillé-le-Guillaume.
Moulins (Mlle), à Coulie.
Moulins, vicaire à Marolles.
Mureau, huissier à Savigné-l'Evêque.

Notaires (les), du Mans.
Neuvivilalais (les membres du conseil municipal de).
Nadot et ses six enfans, à Bonnétable.
Nepveu de Belle-Fille, au Mans.

Ogier père, au Mans.
Orgebin, juge à Mamers.
Osmont, receveur de l'enregistrement.

Pacquier, préfet
Palfray, empl. à la poste aux lettres.
Pantonnier, à Sillé-Guillaume.
Papin.
Papin-Dugravier, propriét. à Lude.
Pasquier, curé de Voivres.
Pasquier, adj. au maire de Savigné.
Pasquier, marchand.
Pasquier, à Mamers.
Passe, adjoint.
Patron, pharmacien à Mamers.
Paul (le chevalier), à Chantenay.
Pavée, desservant.
Payen, à Bonnétable.
Péan.
Péan, de Levardin.
Péan, à Teillé.
Pelu (veuve).
Pelinon (de Gènes) père, propriétaire à Mamers.
Pépin, receveur du bureau de loterie au Mans.
Percepteurs de Laferté (les).
Percepteur de Moncé (le).

MM.
Percheron, greffier.
Perdriau, march. à Pont-Vallain.
Perigon, percepteur à Vion.
Perrier, receveur de l'enregistrement à Coulie.
Pesche, pharmacien à Laferté-Bernard.
Petit-Homme, percepteur.
Petit-Homme, greffier de la justice de paix à Mamers.
Petrop, notaire à Coulans.
Pichon, maire.
Piconel-Colin, ouvrier au Mans.
Picot, à Laferté-Bernard.
Piheury de Vivrec, à Lude.
Plancher, recev. des droits réunis.
Plessis, à Bonnétable.
Pleteau, propriétaire à Lude.
Poisson, curé.
Poirier dit Mézières.
Poirier, ancien maire d'Épinay-le-Chevreuil.
Pontonnier, juge de paix à Lude.
Pont-Vallain (quarante-trois habitans de la commune de).
Porson, à Teillé.
Portail à Yvré-le-Polin.
Pottier, maire de Matigny.
Pottier, à Bonnétable.
Pouret, curé à Chanternay.
Poulet, sous-inspecteur des eaux et forêts à Mamers.
Préel, huissier à Coulie.
Prevost, propriétaire.
Provot, notaire et maire à Teillé.
Provost, prêtre à Teillé.
Prud'homme de la Boussinière, maire à Savigny-l'Évêque.
Prytanée de Laflèche (les fonctionnaires du).

Quentin, percepteur à Bessé.

Raison, propriétaire à la Basoche, près le Mans.
Rast des Armands, secrétaire général de la préfecture au Mans.
Rayé, propriétaire à Ruillé.
Regnier, notaire.
Regoint, comm. de police à Mamers.
Regoy, ancien notaire au Mans.
Religieuses (les), de Laferté-Bernard.
Renard, juge de paix à Mamers.

Renanet, entrepos. au Mans.
Ribert.
Richard (Mlle), de Lavardin.
Richer de Montauban, au Mans.
Robin, percepteur.
Roland, prêtre desservant à Sarcé.
Roquemont (veuve de).
Roulet, juge à Mamers.
Ruillé-Devaux, propriétaire à la Guerche.

Saint-Chéren (la commune de).
Saint-Germain-d'Arcé (la commune de).
Saint-Jean-des-Ech. (la commune de).
Saint Charles (la commune de).
Saint-Marceau (les habitans de).
Saint-Pater (divers habitans de).
Salmon, notaire à Coulie.
Salmon, à Coulie.
Sarcé (Mlle de), à Lude.
Sargé (la commune de).
Savary (de), au Mans.
Savonnières (de), à Lude.
Sailiac (de), au Grand-Lucé.
Simon, à Mayet.
Sulcines (de), au Mans.
Sous-préfet (le) de Saint-Calais.
Suavin, curé de Savigné-l'Evêque.

Tacheau, juge de paix à Bonnétable.
Tallobre, conservateur des hypothèques à Mamers.
Tamise (la commune de).
Tarrot (veuve), à Sillé Guillaume.
Tartarin, percepteur à Noyen.
Teillé (divers habitans de la commune de).
Tendron, marchand à Lude.
Tendron, offic. de santé à Coulans.
Tétu, à Coulans.
Thériot, à Bonnétable.
Thermeau, propriét. à Lude.
Thoré, négociant à Lude.
Tison, juge de paix.
Tison, maire de Pont-Vallain.
Tireau, maire à Lavardin.
Touche Moreau (veuve de), propriétaire au Mans.
Toulis, maire de Saint-Côme.
Traguet, directeur de la poste aux lettres à Saint-Calais.
Tréboil, propriét. à Mamers.
Tribouillard à Bonnétable.

MM.
Tricot, huissier à Loué.
Trigers (fils), recev. à Mamers.
Tronchet (les habitans de la commune de).
Turquety, marchand.

Vaal (divers habitans de la commune de).
Vacquier (Mme), à S.-Calais.
Vacquier, à Saint-Calais.
Vasseur, maire de S.-Ulphare.
Veillard, maire de Neuvillalais.

Vernech (la commune de).
Verron (la commune de).
Versillé – Barré, géomètre à La-ferté-Bernard.
Vetillard, à Pont-Lieu.
Viateur, percept. à Pont-Vallain.
Viellaqueux, propriét. à Mamers.
Viment, percepteur.
Viré (la commune de).
Voisin, garde partic. à Lavardin.
Voisin, officier de santé à Lavardin.
Yvré (les habitans de la comm. d').

DÉPARTEMENT DE LA SEINE.

MM.

A*** (Mlle).
A. B. L.
Aboville (le comte d'), pair de France.
Académie royale de Musique.
Achille des Chapelles, à Nivilliers.
Adjoints (les) des douze arrondissemens.
Adoubeduc d'Erouville.
Agasse, notaire.
Agens de change (les) de Paris.
Allard du Haut-Plessis, rue de Buffaut.
Alluard, ancien notaire à Montreuil.
Andrey, employé dans les bureaux de la guerre.
Anglès (le comte), préfet de police.
Anisson-Duperron (le chevalier), maître des requêtes.
Anonymes (deux).
Aramon (le marquis d').
Argence (le comte d').
Arnault (le comte d').
Arnoult.
Arnoult (l'abbé), rue du Grand-Chantier.
Arnould de Sartionville, rue Neuve-des-Petits-Champs.
Aubert, rue du Figuier S. Paul.
Aubry, ex-directeur des postes à Munster.
Augé.
Auguier, administrat. des postes.
Auguste, écolier.

B***

Badoux.
Bagnères, rue de l'Union.
Ballet, notaire honoraire.
Ballet (Hippolyte), écolier.
Bapt, command. le 2e bat. de la 4e légion de la garde nationale.
Barras (de), rue Cassette.
Barbantane (la marquise de).
Barbaud, juge de paix.
Barbier, marchand de vins, rue aux Fers.
Barenteau, empl. à l'administration des domaines.
Baron (le baron), chevalier de Saint-Michel, directeur du Mont-de-Piété.
Barrairon, conseiller d'État.
Barry, archiviste du cabinet.
Barthelemy (le comte), pair de France.
Basset.
Bâtimens civils (les inspecteurs des).
Bauchet, curé de Notre-Dame.
Bauve (de), fabricant de chocolat.
Bayard, fournisseur des vivres-viande.
Bazaine (MM.), ingénieurs des ponts et chaussées.
Bazin, rue de la Michodière.
Beamisch (Ch.), propriétaire.
Beaulieu (Mme de), rue Poissonnière.
Beaumont (de), imprimeur, rue des Boucheries.
Beausset (le cardinal de), ancien évêque d'Alais.

(64)

MM.

Beauvillard, rue Pavée S. André-des-Arcs.
Beaux-arts (les professeurs de l'école royale des).
Bec-de-Lièvre (le marquis), chevalier de Malte.
Becquet, rue de la Chaussée d'Antin.
Bégouen (le comte), conseiller d'Etat.
Bellart, procureur général.
Bellart, avocat.
Belliard, chevalier de Saint-Louis.
Bessigny (le vicomte).
Bennezet, aubergiste.
Bergen, directeur des hospices.
Bergeon (Mme), rue de Seine.
Bergon (le comte), directeur des eaux et forêts..
Berlier de Roville.
Bernard, fermier-régisseur des jeux.
Berry, employé au trésor.
Besson-Lacombe, rue Neuve-des-Bons-Enfans.
Beuvry (Mlle), lingère.
Bienaimé, juge suppléant.
Bienaimé, avocat.
Blacas (le comte de), ministre secrét. d'Etat de la maison du Roi.
Blache-d'Harancourt (le marquis).
Blair (de), conseiller d'Etat.
Blanc, avocat, ex-commissaire du Roi.
Blanchardon, propriétaire.
Bloemaert, rue Neuve-des-Petits-Champs, n° 60.
Blondel, ancien receveur des contributions directes.
Blondel, ex-bénédictin, Hospice des Ménages.
Boby (Mme), rue de la Paix.
Bodeau.
Bodin (Mme), artiste du Vaudeville.
Bonjour, employé à la marine.
Bonnay (le marquis de), pair de France.
Bonnechose frères, à Passy.
Bonnecourse (v^e de), née Leblanc de Castellan.
Borel, conseiller à la cour de cassation.
Borié, avocat, rue Neuve-des-Petits-Champs.

Boscary (v^e).
Boscary, auditeur au conseil d'Etat.
Boscheron, membre du conseil général du département.
Bortée, administrateur des poudres et salpêtres.
Bouilhot, directeur des hospices.
Bouilly, homme de lettres, rue Sainte-Anne.
Boulanger, inspecteur général des postes.
Bouré, négociant, rue Mêlée.
Bouriat, pharmacien, rue du Bac.
Bourquin, marchand boucher.
Bournical de Saint-Génié, ancien employé de la marine.
Bourniel-Lagardie.
Bourriot.
Brefort (le chevalier), négociant rue de l'Echiquier.
Breton, notaire, pour un anonyme.
Brevannes (le baron de).
Briant, entrepreneur de charpente.
Bricon.
Brienne, rue de Condé.
Broche de l'Ille, ancien magistrat.
Broquet (Angélique) Mlle.
Brue-Signy (le vicomte de).
Brun père, rue Saint-Denis.
Brunetière, avocat, tuteur du légataire universel de M. Vigier.
Buncl, sous-chef aux droits réunis.
Buquet, serrurier rue des Canettes.
Butet, chef d'institution à l'école polytechnique.
Buteux, rue de Bagneux.

C***
Cabanne (Henri), négociant, rue Saint-Joseph.
Cabarrus, négociant rue de la Concorde.
Caccia, banquier.
Cacira-Blomaert, banquier.
Cadore (le duc de).
Caillard, employé aux relations extérieures.
Calemberg (la baronne de).
Cambacérès, ex-archichancelier.
Caneville, rue Saint-Denis.
Cannet, docteur en médecine.
Cannet père.
Cannet fils.
Cany, sous-chef au trésor royal.

MM.
Caraman (le comte Maurice de).
Cariquant.
Carmer, rentier rue Bleue.
Carpentier (Mme), rue Princesse.
Carré, anc. greff. de la cour royale.
Carson.
Caudron (Julie), femme de charge (Mlle).
Cauthion, capitaine de la 3e compagnie du 2e bat. de la 4e légion de la garde nationale.
Cavillier, chef de bureau.
Caylus (de), maire de Saint-Maur.
Cazali (Jean-César), avocat.
Cerclier, rue du Four.
Chabrol (le baron), préfet de la Seine.
Chabry, employé rue Froidmanteau.
Chalandre (Mme), sage-femme.
Chamilly-d'Offremont (Mme).
Chamouland (François), place du Louvre, n° 12.
Champagne (Mlle), née Ranillon.
Champcenetz (le marquis de), gouverneur des Tuileries.
Channy (le chevalier Constantin de), chef de la 1re division, préfecture de police.
Chapitre métropolitain (le).
Chaptal (le comte), pour le sénat.
Charette de la Colinière (la marquise de).
Charpentier de Sanilot, électeur.
Charvin, propriétaire, faubourg Saint-Denis.
Chasrabilies (la marquise de).
Chasteloger (le marquis), rue Basse-du-Rempart.
Chastenay-Puységur (le comte de).
Chaunel, propriétaire, rue de Richelieu.
Chayolle, rue des Fossés-Montmartre.
Chayron (l'abbé), vicaire de Bonne-Nouvelle.
Cheddé, ancien officier commensal de la maison du roi.
Chefdeville, propriétaire.
Chemin, rue Saint-Honoré.
Chesnel de Voeclery, rue Sainte-Avoie.
Cheuvreux, marchand, rue du faubourg Saint-Martin.

Chevigny (le vicomte de), gentilhomme breton.
Chevreuil, limonadier.
Chevalier, employé rue Sainte-Croix.
Chevalerie, dessinateur, rue Saint-Denis.
Chimay (le prince de).
Chiquet.
Choiseul-Praslin (le duc de).
Cicéron, administrateur de l'école polytechnique.
Clair (C. J. M. de S^t-), chevalier de Saint-Louis.
Claye (Remi), négociant, rue Sainte-Avoie.
Clérisseau, au lycée de Henri IV.
Clermont-Crevecœur (de).
Cœurs-Unis (la société des), O∴ de Paris.
Cœffier frères, négocians.
Colleau, rue Neuve-des-Petits-Champs.
Colon, chirurgien du roi.
Combe (v^e).
Comédie française (les sociétaires de la).
Commissaires-priseurs du département (les).
Concierge de la mairie du 2e arrondissement (le), ancien serviteur du roi et de la reine.
Conseil du roi (les avocats au).
Contades (le comte de), pair de France.
Contant, caissier de l'administration des douanes.
Corbeaux de Vaulxert (la marquise de).
Corbeaux de Vaulxert (le marquis de)
Corneille (Mlle), rue Neuve-Saint-Eustache.
Cornet (le comte), pair de France.
Corps-Législatif (les députés des départemens au).
Couperin, ancien organiste de Louis XVI.
Cour de cassation (les magistrats de la).
Cour de cassation (les avocats de la).
Cour royale (chambre des avoués près la).
Cour royale (avocats substituts à la).

5

MM.
Cour royale (avocats-généraux à la).
Cour royale (le procureur-général à la).
Cour royale (le greffier en chef).
Cour royale (les conseillers auditeurs de la).
Cour royale (les conseillers de la).
Cour royale (les présidens de la).
Cour des comptes (le président et les magistrats de la).
Cour des comptes (les employés de la).
Courtiers de commerce (les).
Courtin, ancien commissaire à terrier.
Courtin, rue Bleue.
Cousin, notaire, pour diverses personnes.
Crépin, peintre de la marine.
Crevat, rue Bourg-l'Abbé.
Crillon (de).
Crillon (le duc de).
Crouy-Chanel (le comte de).
Crucius de la Croix.
Cugnac de Dampierre (le marquis de).
Cugnac de Dampierre (la marquise de).
Curés de Paris (les).
Curmes, notaire.

Dagier-Dedelay (le comte), chevalier de Saint-Louis.
Dambray.
Dames inconnues (trois).
Dames (les) des maisons de LL. AA. RR. le duc et la duchesse de Berry.
Damin, sous-chef au ministère de l'intérieur.
Dandrezel (l'abbé), inspecteur général des études.
Dantigny, rue Thiroux.
Darbaud, chef de division au ministère de l'intérieur.
Darçon (v⁰), née Jaloux.
Darentières, rue Caumartin.
Darincourt, rue Thiroux.
Darmont, teinturier.
Darrouville.
Dastier, entreposeur de tabacs à Paris.
Dattes de Luttange.

Dauprat, de l'Académie royale de musique.
Dauvet (le comte).
Déa, commissaire priseur.
Debrecy (le chev.), lecteur du roi.
Debré (Sophie).
Debure, libraire à la bibliothèque royale.
Declerq, conseiller aux prises.
Decroix (le comte), pair de France.
Defresne, sous-chef à la préfecture du département.
Degueroult, ancien élève de l'école militaire.
Delabaume, entreposeur de tabacs à Paris.
Delaborne, adjoint au maire du 10ᵉ arrondissement.
Delaboutraye (Jules), chef d'escadron d'état-major ,de la garde nationale.
Delabrousse, ancien président de la chambre des comptes.
Delabruère (le chevalier), gentilhomme ordinaire du roi.
Delachâtre (le duc).
Delachenaye, avocat.
Delacourtie, ancien procureur au parlement de Paris.
Delacroix, notaire.
Delacroix (Mᵐᵉ).
Delahaut.
Delaistre, maître des requêtes du département.
Delamarie, rue de Condé.
Delamartillière (le comte), pair de France.
Delanoux (Mᵐᵉ), rue des Saints-Pères, n° 7.
Delapanouse (Joseph), chevalier de Saint-Louis.
Delarivalière (le comte).
Delrue (le chevalier).
Delasalle, propriétaire rue Blanche de Castille.
Delascimé, rue Duphot.
Delatour (la comtesse), née Soyecourt.
Delatour de la Boulié père.
De la Tour-du-Pin-Gouverney (Mᵐᵉ la comtesse douairière).
De la Tour-du-Pin (le marquis), pair de France.
Delavieuville (Mᵐᵉ).
Delavieuville (le chevalier).

MM.
Delaviolaye (Mme).
Delcambre, rue de Bussaut.
Délégués (les) des propriétaires et loueurs de voitures.
Delcindre, sous-chef à la poste aux lettres.
Delépine (Mme).
Delépine (M.), directeur de la Monnaie.
Delessert, banquier.
Delorme, avocat.
Demerières Sainte-Croix, chevalier de Saint-Louis.
Derans (Mlles), anc. chanoinesses.
Deschamps-Basselat, écuyer du roi.
Desenne, chef de l'imprimerie royale.
Desgraviers (Mme), propriétaire rue des Vosges.
Deshaules.
Deshaies, notaire.
Desmassues, barrière du Trône.
Despiés (le comte).
Dessus-Lamarre, rue de Beaune.
Desvignes (Mme), rue Mêlée.
Detassenne.
Devarennes, rue du Coq-Saint-Jean.
Deveriche, caissier, rue du Caire.
Devigneau (le baron).
Devigny, chevalier de S. Louis.
Devigny fils.
Devillefranche (le marquis), membre de la chambre des députés.
Dillon (le comte de).
Direction générale du commerce (les employés de la).
Dineumatin.
Dolomica (le marquis de).
Do****.
Dossant, rue des Poulies.
Dossin, rentier, rue Feydeau.
Douet de la Boulaye (Mme), rue de la Planche.
Drappier, maître tailleur rue Saint-Honoré.
Drappier, ingénieur des ponts et chaussées.
Dreux-Brézé (le marquis de).
Drevet, propriétaire.
Drouard.
Dubois-Foncon, dentiste du roi.
Dubois de la Touche, chevalier de Saint-Louis et de la Légion-d'Honneur.
Dubosc, instituteur.
Dubourot (v^e), née Prevot.
Dabure de Mareussy.
Dubuisson, administrateur provis. au trésor royal.
Dudoyer (Mme), boulevard du Temple.
Dufour.
Dufourny, membre du comité des souscripteurs.
Dufranchet, chevalier de Malte.
Dufresne, contrôleur au bureau de garantie.
Dulong, chapelier, rue S. Denis.
Dumesnil-Dufresne (Mme), douairière.
Duminage, rue Thiroux.
Dumont, peintre du roi.
Dumoucel (le comte).
Dunepart, ancien curé, rue de Vaugirard, n° 20.
Duperney (Mme), rue des Quatre-Vents.
Dupin, agent de change.
Dupoirier, hôtel de Béthune.
Dupont, receveur des rentes.
Dupont (le comte), pair de France.
Dupont de Nemours, conseiller d'État.
Durand (le baron), ambassadeur, place Vendôme.
Durand, graveur, rue S. Martin.
Durand, instituteur, rue du faubourg Saint-Martin.
Durosne, distillateur, rue Aubry-le-Boucher.
Duthu, rue Saint-Denis.
Dutremblay, direct. général de la caisse d'amortissement.
Duvergier de Hauranne, questeur de la chambre des députés.
Duvernois, maire de Pierre-Fitte.

École polytechnique (l').
Émigré (un ancien).
Épicerie de Paris (Bureau du commerce de l').
Esmangard, de Bournonville.
Étienne (Mme).
Eusèbe de Blie, rue Meslée.

Faculté de droit (les professeurs de la).

MM.

Faivre, propriétaire, rue Martel.
Falletani (le marquis de).
Falson, négoc. rue Saint-Denis.
Faubert, rue des Gr.-Augustins.
Favreau-de-Latour, avocat à la cour de cassation.
Ferrand (le comte), ministre d'Etat.
Ferté, commissaire de police, rue Feydeau.
Féletz (de), à la bibliothèque Mazarine.
Fisquet, membre de la commission des secours.
Fleury (Mme), rue des Poitevins.
Fontanes (le marquis de), pair de France.
Fontenelle (Mme et Mlle de).
Forget, rue Neuve-Saint-Augustin.
Formentin, sous-chef aux droits-réunis.
Fortin, pharmacien, rue de la Paix.
Framery d'Ambrencq, consul à Kœnisberg.
Francs-Maçons (les), troisième degré du rit écossais.
Frappier, caissier des postes.
Fréchot (Mme), rue du Four-S.-Germain.
Frenot, propriét. rue S. Jacques.
Fregose (le baron de).

Gageat, employé de la guerre.
Gail, membre de l'institut.
Gaillard, entreposeur de tabacs à Paris.
Galimard, architecte.
Garaud.
Garde Nationale.   1re Légion.
Id. ——————   2e. ——————
Id. ——————   3e. ——————
Id. ——————   4e. ——————
Id. ——————   5e. ——————
Id. ——————   6e. ——————
Id. ——————   8e. ——————
Id. ——————   9e. ——————
Id. ——————   10e. ——————
Id. ——————   11e. ——————
Id. ——————   12e. ——————
Garnier, fondeur en caractères d'imprimerie.
Gasville, (le marquis de).
Gautier-du-Poëte, ancien conseiller au parlement de Provence.
Gayet, caissier des hypothèques.

Gendron, ancien contrôleur des officiers de la Reine.
Germon, négoc. rue Saint-Denis.
Gevaudan, adm. des messageries.
Gevaudan (Mme).
Gignet, rue des Prêcheurs.
Gilbert, rue du Croissant.
Gindicelly, rue Poissonnière.
Girault, ancien secrétaire de la Chancellerie.
Giresse de Labeyrie, secrétaire des commandemens de S. A. R. Mgr le duc d'Angoulême.
Goëtz, receveur du premier arrondissement de Paris.
Gonniau, ancien procureur des comptes.
Gory (le chevalier de), portemanteau de Mgr le duc de Berry.
Gosselin (Mme), rue S. Martin.
Gossuin, auditeur au conseil d'Etat.
Gossuin, adminis. gén. des forêts.
Grandet de la Villette, rue Mêlée.
Greffe (les employés du).
Grille, chef du bureau des beaux arts au ministère de l'intérieur.
Grimaldy (le chevalier de), ancien officier de la marine.
Grimberg (le comte de), et ses cinq enfans.
Grimberg fils (Charles de).
Griois, de l'anc. vannerie du Roi.
Guibon, principal clerc de M. Jallabert, notaire.
Guichard (l'aîné), négociant, rue Saint-Jacques-la-Boucherie.
Guidon, négociant, rue S.-Denis.
Guillaum, maître-charpentier entrepreneur de travaux publics.
Guillemot, capitaine de la 3e compagnie du 2e bataillon de la 4e légion de la garde nationale.
Guillonnet de Senac, docteur.
Guillorie de Beaucourt, avocat.
Guizot, secrétaire général du ministère de l'intérieur.
Gunchy Louise (Mlle de).
Guyot, rue du Mouton.
Guyton de Morveau, administrateur des monnaies.

Halles de Paris (les marchands de toile des).
Halle à la farine (les facteurs et factrices de la).

Halma (l'abbé), bibliothécaire à Sainte-Geneviève.
Halphen, joaillier.
Hamelin, rue d'Amboise.
Hamot de Marcourelle.
Hanache (la marquise d').
Hapdé, auteur du Panache blanc de Henri IV.
Harambours, rue des Martyrs.
Harcourt (le marquis d').
Hauterive (le comte), ancien conseiller d'Etat.
Hautfort de Champein (le c^{te} de),
Hébert Elisabeth (S. M.).
Henrion, propriétaire, rue Mêlée, n° 26.
Henry, chef de division à la préfecture de police.
Héricart de Thury, ingénieur en chef des Mines.
Herman, ancien consul général.
Heron-de-Villefosse, maître des requêtes.
Herwyn (le comte), pair de France.
Herwyn (le baron).
Hoffman, rue des Petits-Augustins.
Hottinguer, banquier.
Huat, receveur des rentes, rue Sainte-Croix-de-la-Bretonnerie.
Huguet-Duvivier, rue neuve du Luxembourg.
Huzar, propriétaire, rue du Bac.
Ibert, rue S. Germain-l'Auxerrois.
Institut royal de France (les membres de l').

Jacquinot-de-Pampelune, substitut du tribunal de première instance.
Jamin (Jean-James), propriét.
Janet, marchand de musique du Roi.
Janon.
Jeantet, bottier.
Jehannot, payeur général des dépenses des ministres.
Johannie, artiste de la manufacture de la Savonnerie.
Joiron, employé au ministère de la marine.
Joubert.
Jousseau.
Journal des Débats (les propriétaires du).

Juges de paix de Paris (les).
Juillemer, fils d'un garde-du-corps.
Jullien, capitaine de la 1re compagnie, 2e bataillon, 4e légion.

Keuly (Mlle), au conservatoire de musique.
Kraytter (J. J.) rue d'Anjou S. Honoré.

L***, ancien préfet.
Labbat, rue Saint-Honoré.
Labbé (Mme), née Daubonne.
Lacaze, chirurgien en chef de l'hospice de Beaujon.
Lacretelle jeune, membre de l'institut.
Lafolie, conservateur des monumens publics de Paris.
Lafolie, receveur particulier des contributions directes à Ivri.
Laffon-Ladébat, ancien député de la Seine et de la Gironde.
Lagrenée, agent de change.
Lassué, notaire à Paris, et son étude.
Lallemand, professeur d'écriture.
Lancelin, examinateur de la marine.
Lancelin fils, professeur de navigation.
Lancelot-Dulac (Mlle Désiré).
Lonchamps, chirurgien-major.
Langlois (Michel), rue du Petit-Bourbon.
Langrault aîné.
Lapevrière, receveur général de la Seine.
Latapie, inspecteur général des douanes.
Laurent (de Saint-), inspecteur au trésor royal.
Lazard, joaillier.
Leblanc de Guilly, rue Montmartre
Lebœuf (Mme), lingère de Monsieur.
Lebœuf, tapissier.
Lecomte (Mlle), cloître Saint-Méry.
Ledreux ancien greffier au parlement.
Leduc, rue de Condé.
Lefebvre, régisseur à Ormesson.
Lefort, place Vendôme.
Lefrançois, rue Saint-Denis.

MM.

Legendre fils, propriétaire, rue S. Martin, n° 235.
Legentil, premier clerc de M. Camuzat, notaire.
Legrand-Lemor, négociant.
Legroing de la Romagère (le vicomte).
Legroing de la Romagère, nommé à l'évêché de Saint-Brieuc.
Lemarquant, marchand rue de Bussy.
Lemoine, avocat, rue des Cinq-Diamans.
Lemonnier, administrateur du trésor royal.
Lemontey (le chevalier), légionnaire.
Lenoble, rue S. Honoré, n° 343.
Lenoir du Bullon (v^e).
Le Normant, imprimeur, rue de Seine.
Lepine (Auguste).
Lequesne, notaire, pour un anonyme.
Lerat de Magnitot, juge de paix du 2e arrondissement.
Leroux, banquier, rue de l'Echiquier, n° 35.
Leroux (M. et Mme), propriét.
Leroux de Vieuville, chevalier de Saint-Louis.
Lesour, régisseur de la manufacture royale des tabacs.
Letellier, chef d'institution, et pour ses élèves.
Létanderie (la marquise de).
Levesque, chef de bureau au ministere de la guerre.
Leyssus, receveur des octrois.
Lhéritier, ancien notaire, rue de la Verrerie.
Lilliers (le marquis de).
Littardi (comte de), trésorier du ministère de la police générale.
Loge maçonnique d'Anacréon (la), O∴ de Paris.
Loge des Admirateurs de la nature (la).
Loir, entreposeur de tabacs à Paris.
Lolive (Mlle), lingère de S. M.
Longitudes (le bureau des).
Lormeau (v^e), rue de Sèvres.
Louvois (le marquis de), pair de France.

Lubersac (le comte François de).
Lubersac (le vicomte de).
Lucas, marchand, rue Pastourelle.
Lycée de Louis-le-Grand (le).
Lycée de Henri IV (le).

Magimel, ancien libraire.
Magnan, médecin.
Main.
Mailes.
Maine-Glatigny, notaire.
Maire, fabricant de nécessaires du Roi.
Maires (les) des arrondissemens de Paris.
Maire (le) de Thiais.
Maisoncelle (la), rue Saint-André-des-Arcs.
Malatic fils (de), maître des requêtes.
Mallespine (de), propriétaire, rue Saint-Marc.
Mallet, membre du conseil général du département.
Maudoux (v^e).
Manne, avocat à la cour royale.
Manufacture roy. des Gobelins (la).
Marcatte-Sainte-Marie.
Marchand, sous-chef à la banque de France.
Maréchal, propriétaire, rue Quincampoix.
Maréchaux, rue Poupée.
Margottet, sous-chef à la préfecture du département.
Margueré, avocat.
Marquet, employé à l'administration des Tontines.
Martellière (le comte de la), pair de France.
Martin, ex-carme.
Martin, emballeur.
Martin, perruquier, place des Invalides.
Masson (Mme).
Masson, charcutier.
Masson, greffier de la justice de paix du 2e arrondissement.
Mauclerc, directeur de l'institution des sourds et muets.
Maucassin, limonadier.
Mauduit-d'Haineville.
Mauduit, chef de bur. à la marine.
Maureville (Mme), faubourg Saint-Honoré.

Maurey, avocat à la cour royale.
Maury, rue Cassette.
Maximier, conseiller à l'université.
Menou (le comte Maximilien de).
Mentque (de), ancien conseiller au grand conseil.
Merault, commissaire priseur.
Mercier.
Mercier, employé à la Monnaie de Paris.
Menidosne.
Messageries (administration générale des).
Metman, commissaire liquidateur à l'imprimerie royale.
Meulan (de), rue de Surêne.
Meunier, notaire.
Michel, receveur des rentes.
Miel, chef de division à la préfecture du département.
Millard père, ancien magistrat.
Miller de Précare, ancien magistrat.
Millot, négociant, rue du Helder
Milhomme.
Ministère de la guerre (les employés du).
Mira (v^e), rue Montmartre.
Moinard (Mme Victoire), femme Huet.
Moisant, notaire, rue Sainte-Marguerite.
Monchy, aubergiste.
Mongin et Clémandot (MM.).
Montaland, rue Saint-Denis.
Montamant, membre du conseil général du département.
Montbazon (de).
Montet, copiste de musique
Montlezun (Mme de).
Montlezun (Mlle de).
Montmorency-Morrès (le chevalier de), colonel d'état-major, boulevard des Invalides.
Montmarin (de) fils.
Montrond (la comtesse de).
Morat, chevalier de l'ordre du roi.
Morel de Vindé, pair de France.
Moulin, docteur en médecine.
Mouredon (Henri), élève du lycée Henri IV.
Mourel.
Mure, rue des Fossés-Montmartre.
Murc.

Musiciens (les) de la chapelle du roi.
Musnier-Lherable, procureur-général du conseil de S. A. R. Monsieur.
Musnier-de-Plaigne, avocat.
Nadal (Mme), rentière.
Narabutin (Mlle), rue des Prêcheurs.
Narbonne-Pelet (la vicomtesse de).
Nau de Champlonie (MM.).
Naudet de Courbois, contrôleur de la maison du roi.
Navigation (les employés de la).
Néron, rue de Miromesnil.
Nicot, au comité des subsistances, rue Verte.
Noailles (le comte de).
Noël (François), conseiller de l'université.
Nogué de Meyrac.
Nonant (le comte).
Notaires (les) de Paris.
Nourris de Folleville.
Officiers (les) des maisons de LL. AA. RR. M. le duc et Mme la duchesse de Berry.
O*** (Mme), rentière.
Ormesson (le marquis d'), rue Hauteville.
P*** (la vicomtesse de).
P*** (Mlle).
Pacquier, secrétaire des commandemens de feue la comtesse de Provence.
Particulier (un) attaché à la famille royale.
Pastoret (le comte de), pair de France.
Patté, juge de paix à Villejuif.
Patu (de), gentilhomme ordinaire du roi.
Paul (de Saint-), avocat.
Paulée, ancien négociant, rue du faubourg Saint-Honoré.
Pauquet de Ville-Juste, rue des SS. Pères.
Pécourt, rue Montmartre.
Pellerin, étudiant en droit, rue Saint-Honoré.
Pellicot de Sailians (l'abbé), chanoine honoraire.

(72)

MM.
Pépin, rue Mêlée.
Pérignon, ancien notaire.
Pérignon, membre du conseil général du département.
Pérignon, peintre.
Perrod, notaire.
Perron, horloger.
Peyre, homme de lettres.
Philippoteaux, ancien sous-préfet.
Philipot, tailleur rue Dauphine.
Pierrecourt (le marquis de).
Pierot père.
Piis (le chevalier de), à Montmorency.
Pinart, juge de paix au 1er arrondissement.
Pitois.
Plainquet frères, rue du Mont-Blanc.
Plaisance (le duc de), père.
Plaisé, peintre à Sceaux.
Planchon (Mlle), rue Beautreillis.
Poix (le prince et la princesse de).
Police (les commissaires de).
Pommeret, instituteur.
Ponts et chaussées (administration des).
Ponts et chaussées (les employés de la direction des).
Ponts et chaussées (le corps royal des).
Porroche, boulanger, faubourg Saint-Antoine.
Postelle, ancien notaire à Paris.
Postes (les administrateurs des).
Postes (le secrétaire général de l'administration des).
Postes (les employés de l'administration des).
Potier, ingén. des ponts et chauss.
Poullard-du-Boille, rue Villedot.
Poyet, architecte.
Preaudeau de Mareuil, rue du Parc-Royal.
Prot, pensionnaire du Théâtre-Français.
Puech (Aimé-Martin), négociant.
Puisage (le chevalier), rue d'Aboukir.
Pussy, ancien receveur général des finances, rue Lepelletier.

Quellebecq (de), commerçant, carré Saint-Martin.

Raboteau.
Ragon, ancien négociant.
Ramelet, architecte.
Raoux, facteur de cors.
Raymond de Saint-Sauveur (vte), rue du faubourg S. Honoré.
Regnaud (Pierre-Étienne).
Regnier, employé au secrétariat de l'imprimerie royale.
Regnier, conservateur du dépôt central d'artillerie.
Remy, ancien valet de chambre du Roi.
Rendu, conseiller à l'Université.
Rey, négociant.
Retrouvé (Mme).
Ribec (le comte de).
Ribeyries (le comte de), boulevard du Temple.
Richomme, suppléant de la justice de paix du 3e arrondissement.
Rigault, homme de loi.
Robert, distributeur des vivres à l'Hôtel-Dieu.
Robillard, rue Neuve-des-Mathur.
Robin (Pierre).
Robinot-Varin.
Roch, rue de Choiseul.
Rochelle, avocat aux conseils du Roi.
Roger, chef des routes.
Roger, propriétaire rue Neuve-des-Petits-Champs.
Roland (Mme).
Romand (le chevalier de), direct. des douanes à la Martinique.
Roquet (D. E. B.), professeur.
Rosenthiel (Henri).
Rougemont de Lowenberg, banquier.
Rouhiers (Benoît).
Rousseau, chef typographe de l'imprimerie royale.
Roussiche-Marainville.
Roux (Mlle), rue Taranne.
Roy-de-Montreau, rue des Moulins.
Ruffin, greffier du tribunal de commerce.

Salbreux, caissier de l'imprimerie royale.
Salvan (l'abbé).
Saint-Cricq (de), directeur général des douanes.

MM.
Sainte-Fire (le marquis de).
Saint-Prix (de), rue du Cherche-Midi.
Samson de Frière (MM.), élèves en droit.
Sanes, cour du Harlai.
Sassenaye (le marquis de), secrét. des commandemens de S. A. R. la duchesse de Berry.
Salvin, du Grand-Orient.
Seguier, président.
Seignette, directeur de l'institution des sourds et muets.
Serizier.
Serreau, commissaire priseur.
Sicard, abbé.
Sillot, brasseur.
Société (la) des arts graphiques.
Soussy (Mme de), rue de Limoges.
Soyez (le baron).
Stacpoole (Georges), naturalisé Français.
Stacpoole fils.
Suard, secrétaire perpétuel.
Suard (v^e).
Surintendans (les) de la chapelle du Roi.
Sussy (le comte de).

T. de C. (Mme).
Taillandier, avocat, rue du Dragon.
Talleyrand (le comte de), pair de France.
Tapin, auditeur au conseil d'Etat.
Ternaux aîné.
Terras (Mme).
Terzy, rue de Tracy.
Tessier, chanoine, rue Neuve-Saint-Gilles.
Tessier (Mme), rue Montmartre.
Théâtre des Variétés (administration du).
Thelusson de Sorcy (le comte J.J.).
Theurcy, quai de l'Ecole.
Thiboust, peintre.
Thiebault, chef de bureau au ministère de la guerre.
Thierrier, ancien chef de bureau à la chancellerie.
Thiroux-de-Cresne.
Thomas (le chevalier), arquebusier, fourbisseur des gardes-du-corps.
Thuin.

Tilliard frères, libraires.
Tilly de Verneuil.
Tingry (la princesse de), **rue de Varennes.**
Tollard, marchand de graines, quai aux Fleurs, n° 21.
Tortel (le baron de), sous-gouverneur de Saint-Cloud.
Treuttel, libraire.
Tribunal de comm. (les présid.)
Tribunal de première instance (les membres du).
Tribunal de commerce (les membres du).
Tribunal de première instance (les avoués près le).
Tribunal de première instance (les huissiers près le).
Trudon, propriétaire de la manufacture d'Antony.

Université (le conseil de l').

Vahuy (le comte).
Valadour (le marquis).
Valentin, docteur en médecine.
Valentin de la Pelouze, capit. de la 1re compagnie de grenadiers de la garde nationale, 1re légion.
Vallet-d'Artois, gantier rue Saint Denis.
Vanhumen, rue de Rivoli.
Varennes (Emy), rue du Cherche-Midi.
Varlet, propriétaire rue des Fossés-Saint-Germain.
Vatmille-de-Lorres, quai du Louvre.
Vauclempute.
Vauthier (Mme), rue du Chevalier-du-Guet.
Vauthier, rue du Chevalier-du-Guet.
Vernegues (le chevalier de), ministre de France près la cour de Toscane.
Vernes (Charles).
Vernier, 1re harpe de l'Académie royale de musique.
Vernier (Mme).
Veyrussat, rentier rue S. Pierre.
Vial, membre du conseil général du département.
Vibert, rue Taranne.
Vigée, lecteur du Roi.
Vigier.

MM.
Vignon, inspecteur général du trésor royal.
Vilback (le chevalier).
Villette, chirurgien, rue Duphot.
Viot-du-Mercure, descendant du premier valet de chambre de Henri IV.
Virgille (de), rue des Fossés-Saint-Victor.

Voissy (Mme), boulangère au Gros-Caillou.
Wante, au trésor royal.
Worms de Romilly.
Wurtz.
Zezzio, relieur rue du Foin-Saint-Jacques.

DÉPARTEMENT DE SEINE-ET-MARNE.
MM.

Adant, maire à Pommeuse.
Allaire, maire adjoint à Villeneuve-le-Comte.
Amiard, propriétaire à Rozoy.
Aureau, adjoint au maire de Lacelle.
Aurean, adjoint au maire de Dammartin.
Aurean, propriét. à Farmoutiers.

Babillon, adjoint au maire de S. Ouen.
Bailly, maire de Saint-Cyr.
Bance, huissier à Vaubery.
Beaujot, maire à Moutiers.
Bedel, juge de paix à Coulommiers.
Bernard, charcutier à Vaubery.
Berthelot, adjoint au maire de S. Mars.
Bertin, maire de la Chapelle-Veronge.
Bichebois, maire de S. Augustin.
Billon, Maire à Géremontiers.
Bischfeld, propriétaire à Rozoy.
Blanchoin, adjoint au maire de Jouy sur Morin.
Bontour, adjoint au maire d'Houdevillers.
Bonnot, secrétaire de la mairie de Vaubery.
Bony, maire à Dône.
Borgers, adjoint au maire de Lumigny.
Bourjot, maire à Plancy.
Boursier, contrôleur des contributions.
Bruyaut, maire à Mondauphin.

Chambellain, adjoint au maire de Villeneuve.
Chambrillon, adjoint au maire de Mondauphin.

Chantrelle, maire à Montels.
Chardin, maire à Verdelet.
Charpentier, cultivateur à Farmoutiers.
Chavigny (de), de Vaubery.
Chemin, adjoint au maire de Campalay.
Chichard, propriétaire à Vaubery.
Chon, adjoint au maire de Villebers.
Cinot, adjoint au maire de Maisoncelles.
Clausse, adjoint au maire de Farmoutiers.
Corkborne, maire à Tigeaux.
Collége de Conflans (les élèves du).
Contributions directes (le directeur et les employés), de l'arrondissement de Fontainebleau.
Copin, contrôleur des contributions.
Coquillard, adjoint au maire de Guérard.
Coquillard, cultivateur à Farmoutiers.
Corbilly, tailleur à Vaubery.
Couby (ve), propriétaire à Coulommiers.
Cuffier, notaire à Farmoutiers.

Dartius (le chevalier), à Farmoutiers.
David, maire adjoint à Villeneuve-Saint-Denis.
Davignon, chevalier à Farmoutiers.
Debassy, adjoint au maire de Touquin.
Decante, adjoint au maire de la Chapelle.
Delaberge, maire à Maupertuis.

MM.
Delacomble, inspecteur des contributions directes.
Delacomble, contrôleur des contributions.
Delaon, substitut à Coulommiers.
Delatasse.
Deligny, adjoint au maire de Geremoutiers.
Deligny, maire à Lacelle.
Deligny, maire à Créveneur.
Delogement, maire à Leschevallet.
Demontague, maire à Fontenay.
Denis, adjoint au maire de Sains.
Denoyeux, maire à Rozoy.
Deséjourné, receveur particulier à Provins.
Desessard, contrôleur des contributions.
Despatys, procur. du roi à Melun.
Despommiers, notaire à Vaubery.
Devalence, maire à Milleroy.
Devarennes, maire à Coulommiers.
Doit, adjoint au maire de Saint-Germain.
Driot, adjoint au maire d'Ancilly.
Drouet, maire à Rebais.
Drouin, adjoint au maire de S. Léger.
Duclos, adjoint au maire d'Orly.
Dugnay, adjoint au maire de Montreuil.
Dumée, adjoint au maire de Montalivet.
Dumesnil, maire à Saint-Denis.
Dumon, maire à Lusigny.
Dupont, adjoint au maire de S. Siméon.
Dupont, marchand de bois à Vaubery.
Durand, adjoint, à Vouisles.
Durocher, maire adjoint à Saint-Augustin.
Duval, contrôleur des contributions.

Evrard, adjoint au maire de Plancy.

Fadin, propriétaire à Rozoy.
Fauquet, adjoint au maire de la Chapelle-Bourbon.
Fauvet, adjoint au maire de Bointron.
Fleigny (de).

Forgueray, adjoint au maire de Fontenay.
Frémont, adjoint à Neufmoutiers.
Friguet, receveur partic. à Meaux.
Gaillet, maire à Villeneuve.
Gars, receveur général du départ.
Gastellier, maire à la Houssaye.
Gateau, adjoint au maire de Leschevallet.
Gibet, maire à Campalay.
Gillet, maire de Saint-Germain.
Girard, conseiller de préfecture.
Gobin, maire à Guérard.
Godart, contrôleur des contribut.
Gonest, président du tribunal de Coulomniers.
Gosse, adjoint au maire de Nesles.
Gourdé.
Gourju, contrôleur des contribut.
Goutte, maire à Montalivet.
Goutte, adjoint au maire de S. Barthélemy.
Graimbert (de), contrôleur adjoint à Coulommiers.
Grandhomme, maire à S. Martin-des-Champs.
Grandjean, receveur particulier à Coulommiers.
Guérard (Mme), née le Gras, de Vaubery.
Guillot, adj. au maire de Maroles.
Guillot, maire à Villebers.
Guyon, contrôleur des contribut.
Guyot, maire de la Chapelle-Bourbon.

Hardy, maire à Villeneuve-le-Comte.
Hénard, maire à Montreuil.
Heuze le jeune, maçon à Coulommiers.
Hochet, adjoint au maire de la Chapelle-Vérouge.
Housseau, maire à Saint-Remy.
Huerne, maire à Pommeuse.
Huraud, adjoint au maire de Chailly.

Jacquin de Marquieu, directeur des domaines.
Jean, adjoint au maire de Mouroux.
Joly, adjoint au maire de Saint-Denis.

MM.
Jourdain (v^e), à Farmoutiers.
Julien, maire à Orly.
Juilly (l'institution), maîtres et élèves.

Lachat, de Vaubery.
Lange, adjoint au maire de Villeneuve-la-Hurée.
Laroze, maire à Farmoutiers.
Larousse, maire à Vauvoy.
Lecarlier de Grangemont, chevalier de Saint-Louis.
Leclerc, maire à Chalronges.
Lécuyer, adjoint au maire de S. Remy.
Legrand de Boislandry, maire à la Chapelle.
Lelahier, maire à Rozoy.
Lemrez, adjoint au maire de la Ferté-Gaucher.
Lenoble, maire à Orneaux.
Lepeintre, contrôleur des contributions.
Leroy, adjoint au maire de Montels
Lesturnier, contrôleur des contributions.
Loge des Frères unis.

Macé, maire à Saint-Barthelemy.
Mahon, directeur des contributions directes.
Maricot, adjoint au maire de S. Martin-des-Champs
Martin, boucher à Vaubery.
Martin, maire à la Boessiere.
Martin, adjoint au maire de Beautheil.
Mary, maire à Boitron.
Mary, adjoint au maire de S. Cyr.
Masson, adjoint au maire d'Aulnoy.
Masson, maire à Saint-Léger.
Mauclerc, adjoint au maire de Verdelot.
Mauclerc, adjoint au maire de Boissy.
Mauluy, maire à Villeneuve-S.-Denis.
Maussion.
Mazure, adjoint au maire de Chauffuy.
Mellier, adj. au maire de Bernay.
Menard, maire à Villeneuve la Hurée.

Menjot, maire à Dammartin.
Mesnajer, receveur particulier à Fontainebleau.
Michel, adjoint au maire de Pezarchers.
Michel, maire au Plessis.
Michel, maire à Sains.
Michenon, adj. au maire de Choisy.
Mondellot, maire à Ancilly.
Montanglant (M. et Mme de), propriétaires.
Montenot, maire à Sablonières.
Moreau, adjoint au maire de Sablonières.
Moreau, maire à Saint-Mars.
Moricet, maire.
Morin, maire à Neufmoutiers.
Moussu, maire à Pezarches.
Mullot, maire à Choisy.
Mutel, adjoint au maire de la Tritoire.
Musnier-de-Mauroy, de Vaubery.

Neverlée, maire à Nesles.
Nicolle, adjoint au maire de la Houssaye.
Nocard, adjoint au maire de Challeronges.
Noël-des-Marchais, avoué à Vaubery.

Ouvré, adjoint au maire de Bellot.

Pagin, maire à Aulnoy.
Paillard, maire à Saint-Ouen.
Paly, maire adjoint à Dogny.
Pamageon, adjoint au maire de Maupertuis.
Pasquier, maire de Chauffuy.
Pelletiers, adjoint à Moutiers.
Percepteurs de l'arrondissement de Coulommiers (les).
Idem, de l'arrondissement de Fontainebleau.
Idem, de l'arrondiss. de Melun.
Idem, de l'arrondissement de Meaux.
Idem, de l'arrondissement de Provins.
Perrin, ancien conseiller.
Perrin fils, contrôleur adjoint à Coulommiers.
Piat, adjoint au maire du Plessis.
Picaut, directeur des contributions indirectes.

(77)

MM
Pinon (le vicomte de), maire de Beauteil.
Pinoudelle (Mlle), propriétaire à Coulommiers.
Piquet, maire à Touquin.
Pivet, adjoint au maire d'Ormeaux.
Planet (le comte de), préfet.
Pochet, maire à Boissy.
Pognot, maire à Chailly.
Possot, adjoint au maire de Dône.
Potel, maire à Bellot.
Prévost, huissier à Coulommiers.
Prioleau (MM.), propriétaires de l'institution de Juilly.

Quatresols, maire à Marolles.
Quinette, adjoint au maire de Tigeaux.

Receveur général (le), pour divers habitans.
Receveur particulier des contributions à Melun.
Régnier, médecin à Vaubery.
Robeis, maire à Leudon.
Robeis, maire à Dogny.
Robies, maire à Chervin.
Roche, maire à Milleroy.
Rogat, juge de paix à Coulommiers.
Remanens, adjoint au maire de Marles.
Roussin, maire à Maisoncelles.

Sabatier, chirurg. à Farmoutiers.
Saint-Amand (de) maire à la Ferté-Gaucher.
Saint-Phal, maire à Houdevillers.
Sautreau, maire à Vonisles.
Sardes, adjoint au maire de Chervin.
Serrurier, maire à la Tritoire.
Sivry, propriétaire à Rossoy.
Solenne, maire à Mouroux.
Solloppe, adj. au maire de Rozoy.
Sous-préfet de Coulommiers.
Suzov, juge suppl. à Coulommiers.

Tarbé, membre du conseil général de département.
Testard, adjoint au maire de Leudon.
Tranchard, adjoint au maire de Rebais.

Vaillant père, propriétaire à Coulommiers.
Vallée, maire à Marles.
Vallon, ancien magistrat à Coulommiers.
Vaudrelle, maire adjoint à Créveneur.
Verjas, maire à Bernay.
Vidal, maire à Jouy-sur-Morin.
Vignier, adjoint au maire de la Boessière.
Vignier, maire à Saint-Siméon.
Villiers, adj. au maire de Vaudoy.

DÉPARTEMENT DE SEINE-ET-OISE.

MM.

Agriculture du département (la société d').

Blaizot (veuve), à Versailles.

Chipon, maire de Gombelles.
Courtier, médecin à Versailles.

Delaitre (le baron), préfet.
Devis (Mlle), à Versailles.

Gabaille, juge à Etampes.
Gady, juge à Versailles.
Garde nationale (la).
Goulard, ancien notaire à Mantes.

Hubert, notaire à Mantes.

Levasseur, avoué à Pontoise.

Mary, adj. au maire à S.-Germain.
Millot (Mme), pensionn. à Corbeil.

Octroi de Versailles (les empl. de l')

P. A. M., meunier.

Simonin, à Versailles.
Souaigre, rentier à S.-Germain.
Sutat, ancien juge à Versailles.

Tribunal civil de Pontoise (les membres du).
Tribunal de première instance (les membres du).

DÉPARTEMENT DE LA SEINE-INFÉRIEURE.
MM.

Aux, receveur de l'enregistrement à Envernois près Dieppe.
Anonyme (un).

Baucher, percepteur.
Binet, marchand à Rouen.
Boisseau, propriétaire.
Boisseville (Mariette), percepteur de Saux-Mesnil.
Bourgeois, percepteur à Sotterat.

Cany (plusieurs habitans de).
Carpentier, juge de paix.
Cartier, sous-préfet à Dieppe.
Chauvot Duchesne, receveur au Havre.
Collet, maire d'Enfreville.
Corbineau (le baron), receveur général.
Cosmard, receveur.

Degournais, receveur au Havre.
Delabouglise, inspect. des forêts.
Delacouldre, prop. à Neufchâtel.
Delacouldre, march. à Neufchâtel.
Delacouldre fils, élève au lycée Louis-le-Grand à Paris.
Delanne, inspecteur des douanes.
Delaunay, receveur principal des droits réunis.
Deschamps, maire de Clipouville.
Dhugleville, maire.
Dubergier, agent du trésor.
Dubourg, secrétaire général de la préfecture.
Dupuis, percepteur à Dieppe.

Ferrand-Rouzot, commissaire de police.
Flouet, maire.
Fouquet-de-Longbois, chevalier de S.-Louis, maire de Tassigny.

Gervais, notaire.
Girardin (le comte), préfet.
Goëslin, propriétaire.
Gombauld, contrôleur de l'octroi à Rouen.
Goniez, attaché aux domaines à Rouen.
Granger, contrôleur des droits réunis à Neufchâtel.

Griois, direct. des contributions.
Haussel (le baron d'), maire.
Hebert, de Beauvois.
Henry, percept. de S. Sauveur.
Herbin, avocat.

Jacquelin (Pierre), percepteur à Valognes.
Jean, président du tribunal de commerce.

Launoy, percepteur à Dureville.
Lebicque, employé à la douane.
Leberrier, dessinateur des Ponts-et-Chaussées.
Ledevé, maire de Ménil-Rary.
Lefebvre Elie, maire de Rouen.
Loche, receveur à Yvetot.

Maillard, chef de bureau des approvisionnemens de la marine.
Maire (le) de Cany.
Marc, maire de Saint-Martin du Rivier.
Millenet, employé de l'octroi à Rouen.
Montier, employé à la préfecture.
Morel, entreposeur de tabacs.
Morisse, notaire.
Mouquet, receveur.
Moutel-Bruzen, premier adjoint.

Obelesky, percepteur.
Pellecat, maire de Flamanville.
Percepteurs du départ. (les).
Peudeperte, recev. des douanes.
Procholle, s.-préfet à Neufchâtel.

Quenouille, deuxième adjoint.
Quesnay, inspect. de la librairie.

Reizet-Reizet, receveur général.
Renard, greffier du tribunal de commerce.
Ribard, propriétaire.
Rollet, commissaire de police.

Saint-Gilles, percept. à Alleaume.
Saint-Ouen (de), chevalier de S.-Louis.

MM.
Sénichon, avocat.

Taillefesse (Remi), adjoint.
Toussaint, receveur.
Troutelle (de), propriétaire.

Vassal, contrôleur ambulant des droits-réunis à Neufchâtel.
Villers (de), maire de Villers.
Vitalis, professeur de chimie.

DÉPARTEMENT DES DEUX-SÈVRES.
MM.

Agriculture (la Société d') des Deux-Sèvres.
Anonymes (deux).

Clerc, percepteur à Saint-Prés.

Ducrocq (Gasp.), médecin à Niort.

Dugarreau, à Niort.

Lamarque (Augustin), à Auger.

Viany, paveur du département.
Vien, notaire à Soie-Moujoult.

DÉPARTEMENT DE LA SOMME.
MM.

Babier, prêtre à Saint-Walfran.
Berville, secrétaire général de la préfecture.
Béthune-Juilly (le comte de).
Béthune-Juilly (la marquise de).
Blessebois, contrôleur des douanes à Abbeville.
Boisselot (le chevalier), à Annecy.
Boullon-Aliamet, suppléant au tribunal.
Bouthons, notaire.
Bouzier, propriétaire et maire d'Etouilly.

Carbony, receveur à Montdidier.
Caron fils, imprimeur à Amiens.
Caron l'aîné, imprim. à Amiens.
Champion, ancien notaire.
Choquet-Biard, marchand à Albert.
Cordier, ancien magistrat à Abbeville.
Coulombel, notaire à Abbeville.
Crupart commis adjoint.

Daboval-Lefebvre, propriétaire.
Dallonville (le comte), préfet.
Darras, curé à Abbeville.
Deboui, ancien directeur de la poste, à Albert.
Dehausy, juge suppléant.
Delacavelle (Geoffroi), à Péronne.
Delaroche (Mme), directrice de la poste, à Roye.

Dubuc, notaire à Vinacourt.
Ouhaut-Plessis, à Roye.
Dumesnil (Mme), née Guillebon, à Roye.
Duquesnoy-Samson, juge de paix à Ailly.

Espolier, négociant à Ham.

Fourmont (le baron de), propriétaire à Roye.
Francheville, avoué.

Garde royale d'honneur d'Abbeville (la).
Grac, marchand de tourbe à Albert.
Graval, à Roye.
Grégoire le jeune, notaire à Roye.

Hautmemil (v{e} d'), à Roye.
Henin, à Saint-Walfran.
Hulot, percepteur à Amiens.

Impositions indirectes (les employés des).

Jacquin.
Jourdain-de-Thieulloy.

Lameth (le comte), préfet.
Lamourette, vicaire à S. Walfran.
Lemercier, receveur particulier à Péronne.

MM.

Leroy, notaire à Quevauvillers.
Letellier, notaire à Albert.
Levasseur, propriét. à Abbeville.
Leveau, receveur à Abbeville.
Licot, membre de la Légion-d'Honneur.
Loge des francs-maçons de Ham (la).

Marcel, vicaire à Saint-Walfran.
Marcotte, receveur particulier à Doullens.
Montauzun (le chevalier de), sous-préfet à Amiens.
Montigny, huissier à Vinacourt.

Nodent-Lefebvre (de), maire de Biencourt.
Notaires (les) d'Amiens.
Notaires de l'arrondissement (les) de Péronne.

Octroi (les empl. de l') à Abbeville.

Parent, directeur de la poste aux lettres.
Pédot, notaire à Ailly-sur-Roye.
Percepteurs (les) de l'arrondissement d'Amiens.
Percepteurs (les) de l'arrondissement d'Abbeville.

Percepteurs (les) de l'arrondissement de Péronne.
Percepteurs (les) de l'arrondissement de Doullens.
Percepteurs (les) de l'arrondissement de Montdidier.
Petit, huissier à Albert.
Pigny, marchand tailleur à Abbeville.
Pleine-Selve (de), maire de Ham.

Receveur général (le).
Recette générale (les employés de la).
Renard, notaire.
Rolemont (le baron de), président à Péronne.
Romain, sous-préfet à Péronne.
Roussel de Morcononcour, négociant.

Sézile, curé de Ham.

Thomas, président du tribunal de commerce.
Tripier, receveur des droits réunis.
Trouillé, procureur du roi.

Vinacourt (la commune de).

Wallois, notaire à Abbeville.

DÉPARTEMENT DU TARN.

MM.

Abrial, à Grausset.
Andrieu, payeur.
Assagniel, percepteur des contributions à Grausset.

Bor cadet (de), négociant.
Bassegue, secrétaire de la mairie.
Beaussié, garde.
Balavel, adj au maire de Lessade.
Belavel.
Belfortès (de), curé.
Bergou, directeur des contributions.
Besse, propriétaire à Grausset.
Bousservin (Honoré), percepteur.
Bousservin (Charles), percepteur.
Boyer, à Grausset.

Calmes, à Grausset.

Campagnac (le chevalier de), maire de Lessade.
Cariven.
Castilie.
Cazottes.
Chabbol, à Grausset.
Clarine, percepteur.
Cols.
Conseil général du département (MM. les membres du).
Costé, maire de Giroussens.
Cossette.
Curé (le) de Sezenac.

Devillaire, percepteur.
Dubosquet, sous-préfet à Lavaur.
Dupuy, percepteur.

Falgar, garde.

MM.
Farsac, avocat.

Gazaniel, maire de Grausset.
Georges (de), contrôleur des contributions.
Got, à Grausset.
Gouzy, inspect. des contributions.
Guillau, à Grausset.
Guyot, percepteur.

Loge de la Triple-Unité, à Albi.
Loge de la Parfaite-Amitié, à Albi.
Loge d'Orion, à Gaillac.

Maffre, juge de paix à Pampelune.
Massié, maire de Sezenac.
Mazas, percepteur.
Menard, percepteur.

Pautre.
Peuilles.

Peyre, membre du conseil municipal à Grausset.
Pelier, propriétaire à Grausset.

Receveur (le) de Gaillac.
Receveur (le) de Castres.
Receveur (le) de Lavaur.
Receveur général (le) du départ.
Richard, percepteur.
Rivas, percepteur.
Rivals.
Roques, à Grausset.

Sabatier, à Grausset.
Salabert, à Grausset.
Sarranton (de), receveur principal des droits réunis.
Serres du Colombier, procureur du roi.

Vergnettes, percepteur.
Vincent, percepteur des contribut.

DÉPARTEMENT DE TARN ET GARONNE.

MM.

Arts et métiers de Montauban (la société des).

Le receveur général, pour divers habitans.

DÉPARTEMENT DU VAR.

MM.

Allègre, prêtre à Lemay.
Allier, notaire à Saint-Maxime.
André, propriétaire à Comps.
Anné, notaire à la Garde-Freynet.

Bareste, notaire à Fréjus.
Bayon, propriétaire à S. Maximin.
Berrenguier, receveur des droits réunis aux Arcs.
Berton, notaire.
Bertrand, propriétaire aux Arcs.
Bertrand, instituteur à Lemay.
Bonhomme, cultivateur à Taradès.
Borelli, aux Arcs.
Boyer, aux Arcs.

Caillot (v^e), propriétaire à Marseille.
Caillot (Mlle Hélène), propriétaire à Marseille.
Clumans, négociant aux Arcs.

Deblacas, maire à Aiguines.

Fabre, notaire.
Forette, notaire à Roquebrune.

Gastines, propriétaire aux Arcs.
Gattier, avoué à Draguignan.

Gattier, ancien procureur.
Gérard, adj. au maire à Aiguines.
Gibert, chirurgien à Lemay.
Gigalas, maire à Saint-Maxime.
Giraud, notaire à Bar.
Guis, aux Arcs.
Guyot, aux Arcs.

Icard, aux Arcs.

Jaubert (Jacq.), notaire à Carées.
Jaubert, médecin à Roquebrune.
Jehan, notaire à Draguignan.

Lacroix (Mme v^e Aubert), à Roquebrune.
Leroyex, préfet du Gard.

MM.
Lions, négociant aux Arcs.
Lions, prêtre à Comps.
Lions, notaire à Comps.
Liotard, chirurgien aux Arcs.
Loge des Vrais-Amis des arts (la) de Toulon.
Lombard (Mlle Anne), propriétaire aux Arcs.
Lombard (Jos.), percept. aux Arcs.
Lombard (Martin), propr. aux Arcs.

Maille, propr. à Saint-Maximin.
Maire (le) de Grasse.
Marlet, négociant aux Arcs.
Marlet fils, ecclésiastique aux Arcs.
Martelly, notaire à Grasse.
Maure, notaire à Grasse.
Meissonnier, aubergiste aux Arcs.
Michel, propriétaire à Lemay.
Mieltre, propriétaire à Lemay.
Moultet, receveur.
Moultet de Crignolles.

Notaires (les) de Toulon.

Olivier, notaire à Longues.

Panescorse, juge de paix à Fréjus.
Pascal, propriétaire aux Arcs.
Pascal, maire aux Arcs.
Pautrier, propriétaire aux Arcs.

Périn, maire à Taradès.

Raibaud, notaire à Lorgnes.
Raybaud (Victor), chirurgien aux Arcs.
Raybaud, aux Arcs.
Raybaud père, aux Arcs.
Raybaud fils, aux Arcs.
Raynaud, entrepreneur.
Regguier, négociant aux Arcs.
Requin, propriétaire aux Arcs.
Respiers (MM.), cultivateurs à Taradès.
Ricard, sous-préfet à Draguignan.
Roque, notaire à Draguignan.
Roudier (Victor), à Roquebrune.
Roudier, maire à Roquebrune.
Rouvrier, desservant aux Arcs.

Savournin, notaire à Lemay.
Savournin, prêtre à Lemay.

Thomas, notaire à Aiguines.
Tourel, percepteur à Aiguines.
Truc-Lavignes fils, not. aux Arcs.
Truc, notaire aux Arcs.
Truc (Mme), aux Arcs.

Vassail, boulanger aux Arcs.
Villeneuve, propriétaire aux Arcs.
Vinas (Mme), supérieure de l'hospice de Roquebrune.

DÉPARTEMENT DE VAUCLUSE.

MM.

Albrigeon, notaire à Orange.
Achaintre.
Adailer (Théodore).
Alençon, receveur particulier.
Alliey, à Orange.
Amié, orfèvre à Orange.
Anesen, à Orange.
Arliant, négociant à Orange.
Arnier, à Orange.
Artaud, négociant à Orange.

Ballon, à Orange.
Balzac (chev. de), s.-préf. à Avignon.
Barbe, à Orange.
Barjevel, à Orange.
Bastel, à Orange.
Bastel, à Orange.
Bayle, aubergiste à Orange.
Beau, à Orange.

Beauchamp, à Orange.
Benet, notaire à Orange.
Benoist, à Orange.
Beraut, recev. de loterie à Orange.
Berbiguier.
Bertrand de Montfort, à Savians.
Bonhomme, à Orange.
Bonot, juge de paix.
Bonthoux, percepteur.
Borel, négociant à Orange.
Boulogne (Mme v^e), propr. Orange.
Bournissac (de), maire.
Bouvier, propriétaire à Orange.
Boyer, direct. de la poste à Orange.
Brachet, cordonnier à Orange.
Brun, propriétaire à Thor.
Castion, maire de Caderousse.
Castion, notaire à Caderousse.
Catala, propriétaire à Orange.

MM.
Catala, à Orange.
Cavaillon (la commune de).
Chabrol, dir. du collège d'Orange.
Chalon, à Orange.
Chambaud, à Orange.
Champier, à Orange.
Chapat, à Orange.
Cherfils (Mme v^e), prop. à Orange.
Cheval-Blanc (la commune de).
Cibou, à Orange.
Colombier (Mme v^e), à Orange.
Colonieux, à Orange.
Conseil municipal de Vedenes.
Coste, propriétaire à Orange.
Coste fils

Dames de la Croix (les).
Dauphin, à Orange.
Dauvergnie, à Orange.
Desportes, receveur de l'enregistr. à Bollène.
Deveze, négociant à Orange.
Deydier (v^e), à Orange.
Deymard, propriétaire à Orange.
Doumergue, adjoint de la commune du Cheval-Blanc.
Doyen (Étienne), à Orange.
Dugat, propriétaire à Orange.
Dumas, à Orange.
Durand, notaire à Orange.

Entier (Mme v^e), entreposeur de tabacs à Orange.
Escoffié, à Orange.
Eyffertel, à Orange.

Fabre, propriétaire à Orange.
Falque (v^e), à Orange.
Fauches (Maxime de).
Favier, à Orange.
Fermain, à Orange.
Fermin, à Orange.

Gaufredy, receveur particulier.
Gaulchier, garde champêtre, commune du Cheval-Blanc.
Geoffroy, à Orange.
Germain, receveur particulier.
Girard, à Orange.
Grammont (le marquis de), duc de Caderousse.
Gubernatis (de), sous-préfet.
Guérin.
Hugues (d'), à Orange.

Izoard, aubergiste à Orange.
Josse, à Orange.
Jourdan (Mme v^e), propr. à Orange.
Jourdan, négociant à Orange.

Laugier, à Orange.
Lautier, à Orange.
Lisle (la commune de).
Livache, propriétaire à Orange.
Lusignan, notaire à Caderousse.
Lusignan (Régis).

Maçon, à Orange.
Maison, à Orange.
Martin, notaire.
Martin, secr. de la mairie à Bollène.
Martin (v^e), à Orange.
Marquis père, à Orange.
Massade, à Orange.
Mathieu, à Orange.
Mathieu, à Orange.
Maunier, aubergiste à Orange.
Maynard, à Orange.
Meyer (Ambroise), à Caderousse.
Michel, curé à Caderousse.
Milhaud, maire de Vedenes.
Millet, vicaire à Orange.
Millet.
Monnier, maître de poste à Orange.
Monnier, avocat à Orange.
Monnier, percepteur, commune du Cheval-Blanc.
Motard, adjoint à Bollène.
Mouret (Thomas), commune du Cheval-Blanc.

Nicolas, à Orange.
Nicolas, marchand de bois à Orange.

Paillet, juge.
Pecoul, vicaire à Caderousse.
Pelissier, à Orange.
Periol, propriétaire à Orange.
Perrin, secrétaire de la mairie à Caderousse.
Perrin fils (Guill.), à Caderousse.
Plumail, négociant à Orange.
Pont, à Orange.

Queyrans.

Rabillon, à Orange.
Raby (v^e), à Orange.

6.

MM.

Rau, à Orange.
Ravagnies, négociant à Orange.
Raymond.
Redonné, propriét. à Orange.
Richière, médecin à Orange.
Richiere, juge de paix à Orange,
Rien, chirurgien.
Roche.
Roche, géomètre à la Caderousse.
Rollet (Joseph-Henri).
Rollet.
Roque, adj. au maire d'Avignon.
Roubaud, propriét. à Orange.
Rouen des Malets, préfet.
Roumette, propriét. à Orange.
Roux, à Orange.

Saint-Martin, à Orange.
Saint-Martin, receveur général.
Saint-Privat, négociant à Orange.
Saint-Privat, propriét. à Orange.
Sanabas, légionnaire à Bollène.
Saulin (de), maire d'Orange.

Sausin (de), à Orange.
Sautel, à Orange.
Sautel, à Orange.
Sautel jeune, négoc. à Orange.
Souchieres, négociant à Orange.
Souscripteurs (divers) du département.
Surial, à Orange.

Tacusel, à Orange.
Tamisier, à Orange.
Teissier, instituteur.
Thomas, procur. du roi à Orange.
Thor (la commune de).
Tourgon.
Troussel, à Orange.

Vadagnes (la commune de).
Valayer, percepteur à Avignon.
Vayne, à Orange.
Vedrilhe, propriétaire à Orange.
Vedenes (la commune de).
Velouge, à Orange.
Vey, à Orange.

DÉPARTEMENT DE LA VENDÉE.

MM.

Allard (Mme), directr. des postes.

Ballon, prép. de l'octr. aux Sables.
Baudry, commis adj. à S.-Gilles.
Bertel, receveur princip. des droits réunis aux Sables.
Boisnard, directeur des postes.
Bonnaire.
Brisson, directeur des postes.
Brisson, commis des droits réunis.

Chabot.
Chaillot, commis ambulant aux Sables.
Charretier (Mme), directrice des postes.
Chauviteau.
Chirouze, directeur des postes.

Daudiffret, contrôleur.
Dautrive, contrôleur des postes à Bourbon-Vendée.
Daval, recev. de l'octr. aux Sables.
Deceyras, directeur de la poste à Fontenay-le-Comte.
Delépine, entrep. général.
˙ esheros.

Doisy.
Dubois, recev. part. à Fontenay-le-Comte.
Dupré (Mme), directr. des postes.

Ferradon.
Fleurisson.

Garestier, directeur des postes.
Gauvin, notaire à Langon.
Gazeaux.
Gicquel, préposé de l'octroi aux Sables.
Gobert, directeur des postes.
Goupilleau, directeur des postes à Bourbon-Vendée.
Grandsaigne, comm. adj. aux Sables
Gurineau, commis adj. à Talmont.
Hériot.
Hullin.

Janin, contrôleur principal des droits réunis aux Sables.
Jeulin, préposé de l'oct. aux Sables.
Josse (Sophie Mlle), directrice des postes à Pouzanges.
Joyaud Conesnongle, receveur particulier à Chassans.

(85)

MM.
Joyeux, receveur particulier aux Moutiers.

Lacoine, direct. des contributions.
Lalvé, recev. de l'octroi aux Sables
Lamarque, sous-préfet.
Leforestier, directeur des impositions indirectes.
Leforestier, commis des droits réunis.
Leplat.
Lepley, commis des droits réunis.
Levasseur, commis adjoint à Noirmoutiers.
Loge (la) de la Constance couronnée à Luçon.
Luce, receveur général.
Lucorot, commis adj. à Chalans.

Mary, directeur des postes.
Mazeau,
Menu, commis ambul. aux Sables.
Merlet.
Merlin, commis adj. aux Sables.
Moreau, percepteur à Luçon.
Mory, receveur principal des droits réunis.
Musseau, receveur de l'octroi aux Sables.

Nicard, à l'île d'Yden.
Nicod.

Offrion, commis des droits réunis.

Paquier, commis adj. aux Sables.

Perruche, commis ambulant aux Sables.
Poimeau.
Priot, juge de paix à Pouzanges.

Quillet, contrôleur.

Reniaud, receveur partic. à Noirmoutiers.
Richebourg, contrôleur de ville aux Sables.
Robin, à l'île d'Yden.
Rochecave.
Roger, à Bourbon-Vendée.
Rollet, commis adj. à Talmont.
Rougier, receveur de l'enregistrement aux Sables.
Rouillé.

Salvadeau, receveur particulier à Saint-Gilles.
Sapin, commis adj. aux Moutiers.
Savary de l'Epinay, maire de Bourbon-Vendée.
Société (la) littéraire de Fontenay-le-Comte.

Tessot.
Trastour (Mme), directrice des postes.
Tribunal de première instance de Bourbon-Vendée (les membres du).

Veaud, entreposeur des droits réunis aux Sables.

DÉPARTEMENT DE LA VIENNE.

MM.
Académie (l') de Poitiers.

Boncenne, conseiller de préfecture.
Bourgnon, sous-préfet à Poitiers.
Brault, sous-préfet.
Butaud, receveur particulier de Montmorillon.

Chazaud, receveur général.

Daubenté, propriétaire à Jerchet.
Dousset, receveur à Civrai.
Droits réunis (le directeur des).

Droits réunis de Montmorillon (les employés des).
Droits réunis de Loudun (les employés des).
Droits réunis de Châtellerault (les employés des).
Droits réunis de Poitiers (les employés des).
Droits réunis (les préposés des).
Durand, sous-préfet à Loudun.

Enregistrement (les directeurs de).
Enregistrement (les préposés de).

MM.
Gambier, receveur des hospices de Poitiers.

Ile Jourdain (les habitans de).

Lycée de Poitiers.

Mallarmé, préfet.
Montault, receveur particulier de Loudun.
Moussy-le-Contour (le comte de).

Pain, employé à la recette générale.
Percepteurs (les) de Châtellerault.
Percepteurs (les) de l'arrondissem. de Montmorillon.
Percepteurs (les) de l'arrondissem. de Loudun.

Pressac des Planches, sous-préfet à Civrai.

Receveur de Châtellerault (le).
Renault, directeur de la poste.
Rousseau, employé de la recette générale.
Rouis-la-Tour, ancien conseiller à l'élection de Poitiers.

Saint-Sauveur (de), évêque.
Tribunal de Loudun (les membres du).
Tribunal de Poitiers (les membres du).
Tribunal de Montmorillon (les membres du).
Tribunal de Civrai (les membres du).

DÉPARTEMENT DE LA HAUTE-VIENNE.

MM.

ACADÉMIE (l') de Limoges.
Avoués du tribun. (les) de Limoges.

Bodin, étudiant en droit.

Castelnau, entreposeur.

Fournier, receveur général.

Lefebvre, chanoine à Limoges.

Lycée de Limoges (le).

Potel, contrôleur des monnaies à Limoges.

Tribunal de Limoges (le).

Vaucorbeilles (de), conseiller de préfecture à Limoges.

DÉPARTEMENT DES VOSGES.

MM.

ADAM.
Adam, contrôleur.
Aubriot, receveur de la loterie.

Baillard, avoué à Saint-Dié.
Bellefoy, percepteur.
Berger, percepteur.
Blaison, avoué à Saint-Dié.
Boulat de Colombier, préfet du département.
Boullangé, avoué.
Bosset, rentier.

Chappuy, entreposeur particulier
Charpentier, percepteur.
Cherpitel, juge.

Civalart (Mlle de), rentière.
Civalart père (de), propriétaire.
Claudot, secrét. à Neufchâteau.

Daide, avoué.
Dazemar Labaume, sous-préfet à Remiremont.
Decomeau, contrôleur à pied des droits réunis à Saint-Dié.
Decosse, notaire.
Dejacob, s. préfet à Remiremont.
Deloisy, percepteur.
Dervieux, receveur de l'enregistrement à Corieux.
Didier, sous-inspecteur.
Doublat, receveur général.

MM.
Duguenot, pro-vicaire.
Dumesnil (le chevalier), sous-préfet à Neufchâteau.
Durand, avoué.

Edme, adjoint.

Fachot, percepteur.
Fachot, receveur.
Ferry, maire de Saint-Dié.

Frientz, percepteur.

Galmiche, percepteur.
Georges, percepteur.
Georges.
Gerardin, receveur particulier à Mirecourt.
Gerardin, maire à Neufchâteau.
Gley, principal du collége.
Goncourt (le chevalier).
Grandblaise, percepteur.
Guichardet, percepteur.
Guillaume, vérificateur des domaines à Saint-Dié.

Hennequin, principal du collége.
Henry, juge.
Herbinot, contrôleur.
Hisler, percepteur.
Huot (le chevalier).
Husson, adjoint.

Jeouffroy, vérificateur.

Lagobbe, rentier.
Lamblé, receveur municipal.
Lanel, percepteur.
Lemaire, adjoint à Saint-Dié.
Lemolt, juge de paix à Lamarche.
Lepayen, receveur principal des droits réunis à Saint-Dié.
Lhôte, juge de paix à Saint-Dié.

Littenger.
Loge de la Parfaite-Union (la), à Épinal.

Maingon, percepteur.
Marteau, avoué.
Massy, greffier de paix.
Menans, receveur de l'enregistrement.
Mengin, percepeur.
Michon, receveur des domaines à Saint-Dié.
Monget, prêtre à Pompiens.

Najean, avoué.
Noël, percepteur.
Normandie (de), sous-préfet à Saint-Dié.
Parmentier, greffier de paix.
Pelot, percepteur.
Petit-Didier, commissaire de police.
Petit-Menzin, receveur particulier à Remiremont.
Pierron, percepteur.
Poincarré, propriétaire.
Poirsor.
Pontarlier, receveur de l'enregistrement.
Pougny, procureur du roi.

Richard, sous-préfet à Mirecourt.

Souis (le chevalier).

Tétevuide, à Pompierre.
Thomas, receveur des domaines.
Tisserand, à Pompierre.
Tribunal civil de Saint-Dié (les membres du).

Varnay, percepteur.

DÉPARTEMENT DE L'YONNE.

MM.

Beaune, sous-préfet de Tonnerre.
Bissonnier, huissier.

Chauvot, contrôleur des contribut. directes à Villeneuve-le-Roi.
Chenon, receveur de l'enregistrement à Villeneuve-le-Roi.

Chollet, huissier à Joigny.

Danthereau, négociant en vins à Auxerre.
Deslondes, abbé, membre du cons.
Devareunes-Hauterive (Mlle), à Joigny.

MM.

Fossard, huissier.
Fouet, maire de Villeneuve-le-Roi.

Gaillard, huissier.
Gauthier, receveur de l'enregistrement à Aillans.
Gentilhomme, huissier.

Impositions indirectes (les employés des).

Larcher (veuve), propriétaire à Sens.
Lefebvre-Malherbe, propriétaire à Joigny.
Levêque, marchand.

Maire (le) de la commune de Montréal.

Notaires de l'arrondissement de Joigny (les).

Olivier, marchand.
Ott, employé de la marine.

Percepteurs de l'arrondissement de Sens (les).
Prignot, curé à Joigny.

Receveur général (le) du département de l'Yonne.
Receveur de l'arrondissement de Sens.
Regley, percepteur à Villeneuve-le-Roi.

Rouillé, juge de paix à Villeneuve-le-Roi.

Thomas-Nieslle (Mlle), à Joigny.
Tribunal de commerce d'Avallon (les membres du).
Tribunal civil d'Avallon (les membres du).

Viart, curé d'Auxerre.

RÉGIMENS, MARÉCHAUX, LIEUTENANS GÉNÉRAUX, OFFICIERS DE TERRE ET DE MER, etc.

MM.

Achard, capitaine en retraite, chevalier de S.-Louis à Aubépin.
Achard, cap. de marine à Aubagne.
Adenbent, commandant d'artillerie à Quiberon.
Administration militaire de Bastia en Corse.
Admyrault, trésorier de la marine à La Rochelle.
Alesme (le marquis d'), colonel d'infanterie.
Alix, chef d'escadron.
Allard, sous-lieutenant en demi-solde (Aube).
Amaury, capitaine d'artillerie.
Ambrosy, commandant d'armes en Corse.
Anjou (le baron), au nom du 2e régiment des cuirassiers de la garde.
Arbelain, lieutenant en non-activité (Aube).
Armand (le baron), ancien colonel (département de l'Ain).
Armand (le baron d'), lieutenant général.
Arnoult, lieutenant en demi-solde (Aube).
Arsenal d'Auxonne (officiers de la direction de l').
Artillerie à pied de la garde royale (le conseil d'administration).
Artillerie à cheval de la garde royale (les officiers).
Artillerie d'Auxonne (MM. les officiers de l').
Artillerie à pied de Metz.
Artillerie à Douai (colonel et officiers de l').
Artillerie à cheval de Metz (officiers de l').
Artillerie à pied de Valence (officiers de l').
Artillerie, (officiers et employés à la manufacture de La Rochelle).
Artillerie à pied de Rennes (les officiers de l').
Artillerie à cheval de Toulouse (les officiers de l').
Artillerie (les officiers du parc de la marine), à Toulon.
Artillerie de marine (3e. et 6e. bataillon de l').
Artillerie de marine à Brest (1er et 2e. bataillon de l').
Artillerie (direction de l'), à Caen.
Artillerie (direction de l'), en Corse.
Artillerie (les officiers de la direction de l'), à Besançon.
Aubert, adjud. de place à Ajaccio.
Aubertel, garde du génie. (Aube).
Aveline, lieutenant en demi-solde. (Aube).
Aviso (l') le Lévrier.
Balte-Dourchen, aide-de-camp.
Bandiera, à Calvi.
Bandi d'Asson, colonel d'artillerie.
Barrau (le chevalier de), du 3e. régiment des gardes-d'honneur.
Bataillon colonial à Bastia (les officiers du).
Bataillon colonial à Vannes (les officiers et soldats du).
Bataillon colonial de l'île de Rhée (le conseil d'administration du).
Baybaud, chevalier de la Légion d'Honneur aux Arcs. (Var).
Bazin, légionnaire à Droux Sainte-Marie. (Aube).
Beaufort-d'Hautpoult (le marquis de), lieut. colonel du génie.
Beaumont (M. de), sous-lieutenant des chasseurs du Cantal.
Beaupré (de), garde mag. militaire.
Beauzée (de), sous-inspecteur aux revues à Versailles.
Bédron-Grangé, capitaine d'inf.
Belet-Blanchard, militaire en retraite à Albert.
Belhiore, lieutenant de cavalerie.
Be ot de Grainville (le chevalier), ancien commissaire des guerres.
Beluze, milit. en retraite à Guéret.
Bérard, capitaine de gendarmerie à Vatau.
Bernis (le vicomte de), au nom de la légion du Gard.

MM.

Berthier, (le vicomte).
Berthier (César), le comte gén.
Bethisy (le comte Charles de), commandant de la garde-royale.
Bethisy (le comte de), gouverneur de la 12e. division militaire.
Biaggini, capitaine de place à Bastia.
Biré (de), capitaine de hussards.
Bisot, de l'hôpital militaire à Calvi.
Blancard, lieutenant
Blanchard, commissaire ordonnateur en Corse.
Bleschamp, commissaire en chef de la marine à Marseille.
Blondeau, officier en retraite à Champagnol (Jura).
Boilletot, lieutenant en non activité. (Aube).
Boislandry (le vicomte de).
Bondurant, lieutenant en non activité (Aube).
Bonfils (de), colonel, au nom de la 14e. légion de gendarmerie à Carcassonne.
Bonnaire (le général).
Bonnet, secrétaire de place.
Bonneville (de), commissaire des guerres à Mâcon.
Borboni, capitaine en Corse.
Bordesoult (le général comte), commandant la 1re. division de la cavalerie de la garde.
Bouchet (de), commissaire des guerres de la garde royale.
Boudet (Joachim), officier de dragons.
Boudon-Lacombe (le chevalier de), ancien officier des gardes du corps du roi.
Bouillé (le comte de), aide-de-camp de S. A. R. Monsieur.
Bouquincy, officier en demi-activité (Aube).
Bourgeois (le baron), maréchal de camp.
Bourguenot, directeur des vivres en Corse.
Bourotte (Alexis), garde du génie.
Bouteiller, chef de bataillon au corps royal du génie à Metz.
Braconnier, anc. sergent à Paris.
Brahaut, capitaine aide-de-camp du comte Grundler (Aube).
Brainville (Henry de), ex-chevau-léger de la garde du roi, capitaine de cavalerie, chevalier de la légion d'honneur.
Brick (le) l'Epervier.
Brocas (de), officier au régiment de Limosin.
Brueys (le baron de), lieutenant de cavalerie.
Bruges (le comte de), lieutenant général.
Brunet, sous-lieutenant d'infanterie.
Brunot de Rouvre (le chevalier de), officier sup. en retraite.
Bryas (de), commissaire des guerres à Givet.
Butta Foco, capitaine aide-de-camp en Corse.
Caille, lieutenant en demi-activité (Aube).
Canclaux (le comte de), lieutenant-général, pair de France.
Capitaines de vaisseaux de l'état major-général (les).
Capitaines de frégate de l'état major-général (les).
Carabiniers de Monsieur (MM. les officiers des).
Cardon, sous-lieutenant de cavalerie.
Casabianca, lieutenant.
Catus (le baron de), maréchal-de-camp en retraite.
Caurel de Segville, contre-amiral à Landerneau.
Cauvin, chevalier de la Légion-d'Honneur en retraite aux Arcs (Var).
Cavalerie de France (les corps royaux de).
Chameroy, capitaine du département de l'Aube.
Charié, sous-inspect. aux revues en Corse.
Chantier de Brainville (le chev.), capitaine de cavalerie.
Chasseloup-Laubat (le marquis), lieuten.-gén. du génie.
Chasseurs à cheval du Roi (MM. les officiers des).
Chasseurs à cheval de la garde royale (MM. les officiers des).
Chasseurs à cheval de la garde

MM.
royale (conseil d'administration, au nom des officiers des).
Chasseurs de l'Allier (MM. les officiers des).
Chasseurs à cheval des Alpes (les officiers des).
Chasseurs des Ardennes (les officiers des).
Chasseurs du Cantal (les officiers des).
Chasseurs de la Charente (MM. les officiers des)
Chasseurs de la Corrèze (MM. les officiers des).
Chasseurs de la Côte-d'Or (MM. les officiers des).
Chasseurs de la Dordogne (MM. les officiers des).
Chasseurs de la Vienne (MM. les officiers des).
Chasseurs du Gard (MM. les officiers des).
Chasseurs de l'Isère (MM. les officiers des).
Chasseurs de la Marne (MM. les officiers des).
Chasseurs de l'Oise (MM. les officiers des).
Chasseurs de l'Orne (MM. les officiers des).
Chasseurs de la Somme (MM. les officiers des).
Chasseurs des Vosges (MM. les officiers des).
Chasseurs à cheval (13e régiment (MM. les officiers des).
Chaumot, officier du génie (Seine-Inférieure).
Chedin, capitaine retraité.
Chefdebien, commissaire ordonn.
Chefdeville, officier de gendarmerie.
Cheffontaine (de), chevalier de Saint-Louis.
Chevau-légers d'Angoulême, 5e régiment, à Orléans.
Chollet, officier en retraite.
Christophe, lieutenant.
Cicaty, officier retraité à Gruyère.
Cicéron, lieutenant-colonel des vélites.
Cirey, capitaine de cavalerie.
Claparède (le comte), lieutenant-général.

Clasquin, officier de la Légion-d'Honneur.
Clément, au nom de la 1re légion de gendarmerie.
Clercy-Malhouville (de), ancien capitaine.
Clerget de Saint-Léger, capitaine du génie.
Clinchamp-Bellegarde, ancien capitaine (Eure).
Cloquemis, sous-lieutenant d'infanterie.
Cohérel, commandant-d'armes au Hâvre.
Coigny (le duc de), gouverneur des Invalides.
Colbert de Maulevrier (le comte), maréchal de camp.
Commandant de la 6e division militaire (le), à Besançon.
Compagnie départementale du Doubs.
Conti, payeur en Corse.
Cordoue (le marquis de), colonel, chef d'état-major de la Drôme.
Corsi, médecin major en Corse.
Corvette la Baïadère (la).
Courcy, ancien officier de marine à Landerneau.
Courette, chev. de Saint-Louis en retraite.
Coussau, adjud.-commandant à Auch.
Coutard, lieutenant-général.
Cristiani, lieutenant.
Crozat, colonel de la 26e légion de gendarmerie, en Corse.
Cudey, officier en retraite (Jura).
Cugnot (de), colonel, prévôt du département de l'Aube.
Cuirassiers du roi (MM. les officiers des).
Cuirassiers de la garde royale (MM. les officiers du 1er régim).
Cuirassiers de Condé (MM. les officiers des).
Cuirassiers d'Orléans (MM. les officiers des).
Cuirassiers de la Reine (MM. les officiers des).
Cuirassiers du Dauphin (MM. les officiers des).

Damas (le duc de), lieutenant-général.

MM.
Damas (le comte de), gouverneur de la 18e division milit., au nom de plusieurs corps.
Darmagnac (le baron), lieutenant-général commandant la 20e. division militaire
Daubeleve, capitaine en Corse.
Daugier, contre-amir. à Rochefort, au nom des officiers de différens corps.
Daurier (le baron), maréchal-de-camp à Nancy.
Dauthier, de l'hôpital militaire de Bastia,
Dauvergne, chevalier de S. Louis, à Luçay-le-Mâle (Indre).
Davaray (le marquis), officier-général, pair de France.
Debescq, ancien capit. de cavaler. à Angers.
Debille, lieuten. en demi-activité (Aube).
Debohan (le baron de), maréchal-de-camp (Ain).
Deboisthierry, ancien garde-du-corps à Mamers.
Debonne, lieutenant.
Decharmont, capit. de cuirassiers.
Decourcy-Dervillé, ancien colonel d'infanterie.
Dedelay-d'Agier (le comte).
Degantier, ancien cap. de dragons (Var).
Degremonet, officier au régiment des carabiniers (Beauvais).
De L..., adjudant-major de dragons.
Delacharité (le comte), vice-amir.
Delaferrière, ancien officier au régiment de Bassigny.
Delaferrière, lieutenant-général, au nom de l'école royale de cavalerie, à Saumur.
Delagermoniere, ancien administrateur de la marine.
Delahemelinage (le baron), au nom de diverses personnes.
Delalaune (chev.), contre-amiral à Sisteron.
Delamotte-Baracé (Auguste), officier de dragons.
Delamotte-Baracé, commandeur.
Delaplanche (le général baron), à Charleville.
Delaprévalais, ancien capitaine de vaisseau.
Delarochassière, lieutenant-général à Besançon.
Delataille, ancien cap. à Chartres.
Delaunay (Clément), fourrier honoraire des logis du roi.
Delaunay, maréchal-de-camp en Corse.
Delavieuville (le chevalier), lieutenant-colonel de cavalerie.
Delcambre (le baron), maréchal-de-camp.
Delestre, garde-du-corps à Sémur.
Delille, ancien colonel-général.
Delombre, commandant à Lille-Pelet.
Delpon, secrétaire de place.
Demont (M. le comte), lieutenant-général, pair de France.
Denniée (le baron), intendant général de la maison du roi.
Depersun, garde du roi (Jura).
Depetit-Lasalle, chef d'escadron en Corse.
Dequevallos, command. à Hesdin.
Deraymond, sous-intend. militaire (Aube).
Deradellet, ancien officier d'inf. (Var).
Derise (le chevalier), capit. d'infanterie à Dôle.
De Riz (Clément), colonel d'artillerie.
Dersener (le général).
Descars (le comte), capitaine des gardes-du-corps de Monsieur.
Desclaibes, chef d'état-major d'artillerie.
Descosini, directeur des lits milit.
Desans (le baron), colonel des grenadiers royaux.
De Sainte-Croix, cap. de vaisseau réformé.
De Saint-Laurent, offic. général.
De Saint-Hillier, chef de bataillon du génie à Metz.
Desmarchais (le baron), capitaine d'état-major de la 1re division de la garde
Desessards (le vicomte), colonel, au nom du régiment de la Gironde.
Désirat, commissaire ordonnateur à Versailles.

MM.

Despagnac (le baron Charles), chevalier de Saint-Louis.
Despinois (le comte), au nom de l'état-major de la 1re divis. milit.
Desurville, ex-capit. à Vendôme.
Devarennes, chevalier de S. Louis, officier retraité à Évreux.
Devassy, chef de bataillon (Aube).
Deveyle, ancien offic. à S. Pierre-les-Vieux.
Devilleneuve (le baron de), colonel d'artillerie à Saint-Omer.
Deviantais, ancien capit. de dragons à Chartres.
Deymier, offic. en retraite à Saint-Aquilin.
Dhéran, ancien colonel du Var.
Diesbach (le comte), lieutenant-général.
Dommeny, officier de grenadiers à Martigues.
Donoville, capitaine retraité.
Dor, commissaire des guerres en Corse.
Doraison (le chev.), commandant d'armes.
Dorigny-Dagny, ex-capit. d'artiller. à Épernay.
Dorselet, lieutenant en demi-activité (Aube.)
Doyon (le baron), ancien officier de carabiniers.
Dragons du Roi (les officiers des).
Dragons de la Garde royale (le conseil d'administration de).
Dragons du Calvados (les officiers des).
Dragons de la Garonne (les officiers des).
Dragons de l'Hérault (les officiers des).
Dragons de la Loire (les officiers des).
Dragons (7e régiment de), à Orléans.
Dragons (les officiers du 10e régiment de).
Dragons du Rhône (les officiers et sous-officiers des).
Dragons de la Seine (les officiers des).
Drothier, sous-lieutenant à Dampierre (Aube).
Druillot, quartier-maître.

Dubesel, milit. en retraite à Saint-Aquilin.
Duchat, capitaine en demi-solde (Aube).
Duchat, chevalier de la Légion-d'Honneur (Aube).
Dufour (le baron), intendant mil. à Metz.
Dufresne, officier en retraite, receveur à Clermont.
Duledo (le chevalier), sous-intend. milit. à Besançon.
Dumas (le comte Mathieu), lieut. général.
Dumaine, ex-ordonn. en chef de la marine de la guerre, à Saint-Dominique.
Dumarché, capit. de génie.
Dumesnil, sous inspecteur aux revues, à Saint-Omer.
Duplessis, chef de bataillon en non activité. (Aube.)
Duplessis, capitaine en retraite à Quimperlé.
Durand, officier à Orange.
Durfort (le comte), lieut. général, pair de France.
Duranty, économe des lits milit.
Durutte, général gouverneur à Metz.
Dusaulzes, ancien capit. à Brioude.

Ecole royale de Saint-Cyr.
Ecole d'artillerie d'Auxonne.
Ecole polytechnique (l'état-major de l').
Emmanelii, à Calvi.
Employés de diverses administrations de la 18e div. milit.
Enseignes de l'état-major général.
Enseignes de vaisseau de l'état-major-général.
Ernouf (le comte), lieut. général.
Esmeriau, vice-amiral, au nom de l'armée navale de la Méditerr.
Esnard, anc. capit. à Besançon.
Etat-major de Besançon (les offic. de l').
Etat-major de la 3e div. milit.
Etat-major de la 14e div. militaire, à Caen.
Etat-major de la 17e div. militaire, à Bastia en Corse.
Etat-major de la 18e div. militaire, à Bastia en Corse.

MM
Etat-major de la 21e div. militaire, à Bastia en Corse.
Etat-major des 2e. et 3e. bataillons d'Hohenlohe.
Etat-major de la place de Bastia, en Corse.
Etats-majors des places (les offic. des).

Faivre, colonel commandant de la place de Douai.
Fantin, command. d'artillerie à la Flèche.
Faure-Desgière, lieuten. colonel en retraite à Tours.
Férand, inspecteur aux revues à Caen.
Ferrand, à Calvi.
Fièbre (le baron), maréchal-de-camp.
Finet, officier du régiment de Neustrie à Gueret.
Flûte (la) *la Salamandre*.
Forestier (le baron), maréchal-de-camp.
Forges (les officiers de la sous-direction des), à Besançon.
Foupon, officier en retraite (Aube).
Fourcroy (de), chef maritime (Seine-Inférieure).
Fréminet, cap. en retraite (Aube).
Fressenel des Croissais (le chev.), ancien colonel de hussards.

Gabarre (les officiers de la) *le Baïonnais*.
Gabarre (les officiers de la) *la Charente*.
Gabarre (les officiers de la) *l'Expéditive*.
Gachot, commissaire de marine (Seine-Infér.)
Gachot, élève d'artillerie. (Au Hâvre.)
Gachot, aspirant de marine. (Au Hâvre.)
Gardes royaux de Mgr le duc d'Angoulême.
Gardes d'honneur (1er régiment des).
Gardes d'honneur (3e régiment des).
Gardes d'honneur (4e régiment des).

Garnier de Folletans, chevalier de Malte (Jura).
Garrens, officier à l'état-major.
Gaston (le vicomte de), officier de l'armée de Condé.
Gautrin, général (Aube).
Gendarmerie des chasses.
Gendarmerie du 1er arrondissem. maritime.
Gendarmerie du 2e arrondissem. maritime.
Gendarmerie (5e légion de), à Rennes.
Gendarmerie (15e légion de), à Nîmes.
Gendarmerie (16e légion de), à Marseille.
Gendarmerie (le conseil d'administration de la 20e légion de).
Gendarmerie (21e légion de).
Gendarmerie de l'Aisne.
Gendarmerie (4e compagnie de), à Alençon.
Gendarmerie des Basses-Alpes.
Gendarmerie du Calvados.
Gendarmerie de la Charente.
Gendarmerie de la Drôme.
Gendarmerie de l'Eure.
Gendarmerie du Gard.
Gendarmerie de la Gironde.
Gendarmerie des Hautes-Alpes.
Gendarmerie de l'Hérault.
Gendarmerie de l'Isere.
Gendarmerie de Mâcon.
Gendarmerie de la Manche (le conseil d'administration de).
Gendarmerie du Mans.
Gendarmerie du département de la Marne.
Gendarmerie de Moulins.
Gendarmerie de Niort.
Gendarmerie du Nord.
Gendarmerie des Pyrénées Orientales.
Gendarmerie de la Sarthe (conseil d'administration de la).
Gendarmerie de la Seine-Infér.
Gendarmerie de la Somme.
Gendarmerie de Tarn-et-Garonne.
Gendarmerie de Troyes (le chef d'escadron de la).
Génie et artillerie (les officiers et intendans de l'état-major du), à Marseille.
Génie de Metz (le régiment du).

MM.
Génie (direction du), à Caen.
Génie (direction du) de Corse.
Génie (les officiers de la direction du), à Besançon.
Gentil, officier en demi-activité (Aube).
Géraud (baron de), général.
Gibon (Alexandre), aide-de-camp.
Gibon, capitaine de génie.
Gilton, capitaine en non-activité du département de l'Aube.
Girard, maréchal-de-camp au Mans
Gireaux, chirurgien-major à Bastia en Corse.
Godet, capitaine à Mâcon.
Godin, adjudant-commandant.
Goëlette (état-major de la) l'Estafette.
Gondreville (le chevalier de), maréchal-de-camp.
Gontaut (Charles de), lieutenant-colonel.
Gontaut-Biron (le marquis de), lieutenant-général.
Goulette, capit. à Mamers (Creuse).
Gourio, capitaine de vaisseau à Quimperlé.
Gouvé (Honoré), militaire en retraite. (Gard.)
Gouy-d'Arsy (le marquis de), capit. en retraite à Marine.
Grammont (le duc de), pour les capitaines, officiers et gardes du roi.
Grandin, lieutenant en demi-activité. (Aube.)
Granval, chirurgien-major.
Grandler (le comte de), commandant le départem. de l'Aube.
Grenadiers à cheval de la garde, 2e régiment.
Grundler (le comte de), maréchal-de-camp.
Grosse-Delaplanche, ancien-colonel. (Eure-et-Loir.)
Gruat, chef de bataillon en non-activité. (Aube.)
Guceret, ancien garde-du-corps. (Saône-et-Loire.)
Guyot-Duclos, colonel du génie à la Rochelle.

Haillot, capit. en non-activité.

Haillot, lieuten. en demi-activité. (Aube.)
Harlim, sous-lieuten d'infanter.
Haslawer, payeur de la marine à Rochefort.
Hennequin de Villermont (le chevalier), officier instructeur au 1er régiment de hussards.
Hochereau chev. de Saint-Louis, ex-adjudant-général.
Hôpitaux militaires (les employés des), à Bastia.
Hotelin, lieut. à Vallons (Aube).
Huet de Sordan, ancien capitaine d'infanterie.
Hugot, sous-lieuten. (Aube.)
Humbert-Urbain, offic. pensionné.
Huriet, lieuten. en demi-activité (Aube).
Hussards de Berry (les officiers du 6e régiment de).
Hussards du Jura (les officiers des).
Hussards du Haut-Rhin (les officiers des).
Huvier, ancien capit. du génie.
Icher-Villefort (le baron d'), chevalier de S. Louis et de l'ordre du Phénix.
Infanterie de la garde royale (les officiers du 1er régiment d').
Infanterie de la garde royale (les officiers du 2e régiment d').
Infanterie de la garde royale (les officiers du 4e régiment d').
Infanterie de la garde royale (les officiers du 5e régiment d').
Infanterie de la garde royale (les officiers du 6e régiment.
Infanterie légère (conseil d'administration du 9e régiment d').
Infanterie de ligne (les officiers du 9e régiment d').
Infanterie de ligne (les officiers du 22e régiment d').
Infanterie de ligne (les officiers du 34e régiment d')
Infanterie de ligne (les officiers du 69e régiment d').
Infanterie de ligne (les officiers du 80e régiment d').
Infanterie de ligne (les officiers du 90e régiment d').
Infanterie (les officiers du régiment de la Reine).

(96)

MM.
Infanterie de ligne (les officiers d'), à Gap.
Ingénieurs géographes du dépôt de la guerre (MM. les).
Intendans et sous-intendans militaires (MM. les) de Besançon.
Intendant militaire de la 14ᵉ division militaire, à Caen.
Irelane (le comte), ancien capit. de cavalerie.

Jalliot fils, de l'hôpital militaire à Bastia.
James, commissaire des guerres à Laval.
Jannès, ancien lieut. de vaisseau.
Jatt o, pharmacien-major.
Juglemène, capitaine de place à Bastia.
Jourdan (le maréchal).
Journeau, de l'hôpital militaire à Bastia.
Jubert, sous-lieuten. en demi-activité. (Aube.)
Jussy, lieuten. d'infanterie.

Keilhervin, ancien colonel, département de l'Ain.
Kintzenger (le baron), colonel.

Labroise, command. à Mortagne.
Lagoudie (le comte de), lieutenant-général.
Lafont, maréchal-de-camp d'artillerie.
Laforet, commandant d'armes en Corse.
Lagrenée (de), ancien garde-du-corps.
Lainepée, chevalier de S. Louis, garde-du-corps, à Evreux.
Lanchon, trésorier des invalides de la marine.
Landereau, capit. en non-activité.
Landru, offic. retraité à Gruyères.
Lanciers de la garde royale (les officiers des).
Landeville (de), colonel, au nom de la légion de la Lozère.
Latrobe, sous-insp. aux revues.
Lauriston (le marquis de), lieutenant-général, colonel de la garde.
Lecauchois-Ferrand, sous-inspect. aux revues.

Leclerc, sous-lieutenant en non-activité.
Leflohic, ancien m¹. à Rostresem.
Legardeur de Bepentigny (le vicomte de), capit. de vaisseau en retraite.
Légion de l'Ain (les officiers de la)
Légion des Alpes (les officiers de la)
Légion des Basses-Alpes (officiers, sous-officiers et soldats de la).
Légion de l'Ardèche (les officiers de la).
Légion des Ardennes (le conseil d'administration de la).
Légion de l'Arriége (le conseil d'administration de la).
Légion de l'Aveyron (les officiers de la).
Légion des Bouches-du-Rhône (les officiers de la).
Légion du Cantal (les officiers de la).
Légion de la Charente-Inférieure les officiers de la).
Légion du Cher (les officiers de la).
Légion de la Corrèze (les officiers de la).
Légion de la Corse (les officiers de la).
Légion de la Côte-d'Or (les officiers de la.
Légion des Côtes-du-Nord (les officiers de la).
Légion de la Creuse (les officiers et soldats de la).
Légion des Deux-Sèvres (les officiers de la).
Légion d'Hohenlohe (les officiers du 1ᵉʳ bataillon de la).
Légion de la Dordogne (le conseil d'administration de la).
Légion de la Dordogne (les officiers de la).
Légion de la Drôme (les officiers de la).
Légion de l'Eure (les officiers de la).
Légion du Finistère (le conseil d'administration de la).
Légion de la Gironde (les officiers de la).
Légion de la Haute-Loire (les officiers de la).
Légion du Haut-Rhin (les officiers de la).

(97)

MM.
Légion de l'Hérault (les officiers de la).
Légion-d'Honneur (MM. les chevaliers de la), arrondissement d'Abbeville.
Légion d'Ille-et-Vilaine (les officiers de la).
Légion du Jura (les officiers et soldats de la).
Légion des Landes (les officiers de la).
Légion de Loir-et-Cher (les officiers de la).
Légion de la Loire-Inférieure (les officiers de la).
Légion du Loiret (les officiers de la).
Légion du Lot (les officiers de la).
Légion de la Manche (les officiers de la).
Légion de la Marne (les officiers de la).
Légion de la Meuse (le conseil d'administration de la).
Légion de l'Oise (les officiers de la).
Légion du Pas-de-Calais (les officiers de la).
Légion des Pyrénées-Orientales (les officiers de la).
Légion du Rhône (les officiers de la).
Légion de Saône-et-Loire (les officiers de la).
Légion de la Sarthe (les officiers de la).
Légion de Seine-et-Oise (les officiers de la).
Légion du Tarn (les officiers de la).
Légion de Tarn-et-Garonne (les officiers de la).
Légion de Vaucluse (les officiers de la)
Légion de la Vendée (les officiers de la).
Légion des Vosges (les officiers de la).
Lejeune, lieutenant en demi-solde (Aube).
Lejeune, capit. du génie à Metz.
Lemonnier, sous-lieutenant en demi-activité. (Aube.)
Lemore, commissaire des guerres au Mans.

Lenoir, chef de bataillon en non activité. (Aube.)
Lepelletier, ancien officier d'artill.
Lepelletier (le baron), officier-général.
Leprince, mousquetaire.
L ren (le chevalier), lieutenant-colonel.
Lerohier-de-l'Herbé, ancien garde-du-corps.
Lerouge, sous-lieutenant en demi-activité. (Aube.)
Lerouyer-Lafosse, ancien capit. d'artillerie à Évreux.
Leroy, gendarme à Boussac. (Creuse.)
Léry (le baron de), lieutenant-général.
Lespinasse-Laugeac (le comte), officier-général.
Letournel, capitaine en retraite, rue du Four Saint-Honoré.
Levie, de l'hôpital milit. à Bastia.
Lévrier (l'aviso le).
Lhabitant, lieutenant en non activité. (Aube.)
Lieutenans de vaisseau de l'état-major-général.
Ligne (les officiers du 36e régim. de).
Ligne (les officiers du 142e régim. de).
Ligne (les officiers du 17e régim. de).
Lournier, officier en retraite à Troyes.
Loyer, ancien capit. de dragons.
Loz-Beaucours (vicomte de).
Lucio, inspecteur d'artillerie à Saint-Étienne.
Ludot, maréchal-de-camp en demi-solde, départ. de l'Aube.

Maine, commandant-d'armes en Corse.
Marescot, inspecteur-général du génie.
Marcelin, à Calvi.
Marguerit (le baron), anc. chevau-léger de la garde.
Margueron, sous-lieuten. (Aube.)
Marigny (Bernard de), contre-amiral à Brest.
Marine (les officiers civils et militaires de la), à Bordeaux.

7.

MM.
Marine (les officiers civils et militaires de la) du port de Lorient.
Marine de Rochefort (les employés de la).
Marivaux, major d'infanterie.
Marson, cap. en non act. (Aube.)
Marlys-Legrand, ancien capit. de vaisseau.
Masperoux, brigadier de gendarmerie à Châtelux. (Creuse.)
Masson, capit. en demi-activité. (Aube.)
Matthieu (le comte), lieutenant-général.
Mesnard, général.
Michaud, lieut.-général, inspecteur-général.
Michelin, lieut. d'infant.
Migonneau (le chevalier), ancien commissaire des guerres.
Millard fils, ancien commandant de l'armée de Bourbon.
Millon, lieutenant en demi-activité. (Aube.)
Mimey, lieuten. d'infanterie.
Missiessy, vice-amiral.
Missy (M. de), colonel du génie.
Moisier, colonel de gendarmerie, au nom des compagnies des Ardennes, de la Marne et de la Moselle.
Molard, commissaire des guerres adjoint.
Monier, lieutenant-général.
Monnay, inspecteur aux revues.
Montdesir (le comte de), maréchal-de-camp.
Montmorency (le vicomte de), lieutenant-gén., pair de France.
Montmorency-Morrés (le chev.), colonel d'état-major.
Moreau, de l'hôpital militaire à Bastia.
Moreau, lieutenant.
Moreau-Saugrain (Emile), officier des cuirassiers de Berry.
Morer, sous-lieutenant. (Aube.)
Morin-de-Lille (le baron), maréchal-de-camp.
Morin, offic. de cavalerie, membre de la Légion-d'Honneur.
Morisot, commiss. des guerres.
Morizot, lieuten. de gendarmerie à Saint-Dié.

Mouret de Partheron, ex-capitaine d'infanterie à Salins.
Mullot, capit. aide-de-camp.
Mustedo, de l'hôpital militaire à Bastia.

Nadailhac, colonel, au nom des hussards de la Moselle.
Nacat, gendarme à Chatelux.
Nerva, lieuten. d'infanterie.
Ney (le maréchal), pair de France.
Nicolay (le marquis de), maréchal-de-camp.
Noubel, capit. au 118e régiment, à Agen.

Officiers en non activité, à Bastia en Corse.
Officiers en non activité et en retraite de la 18e division militaire.
Ogge, lieutenant.
Oudiette, lieuten. en demi-solde, département de l'Aube.
Ouvriers d'artillerie (2e compagnie), à Rennes.

Pascalès, officier en retraite à Barcelonnette.
Pasquier-Dufayeux, ancien milit.
Paul, lieutenant.
Paulée, capit. aide-de-camp.
Payeur de la 18e division militaire, pour divers.
Pegron de Serennes, chevalier de Saint-Louis.
Pernet de Neufels (le baron), quartier-maître.
Person, sous-inspect. aux revues à Albi.
Petit-Claude, sergent-major aux Invalides.
Petit, ancien commiss. des guerres.
Petit, capitaine en non activité, département de l'Aube.
Pianelli, commandant-d'armes à Bastia.
Picot de Barras (le baron), lieutenant-général à Lille.
Pierron, offic. en retraite. (Saône-et-Loire.)
Pineau, colonel en non activité. (Saône-et-Loire.)
Pinocheau, chef de batail. (Aube.)
Pioct, capit. aide-de-camp en Corse.
Poli, à Calvi.

MM.

Pompiers (les officiers des).
Pontonniers à Orléans (les officiers des).
Porson (le baron), maréchal-de-camp.
Port de Toulon (les officiers et maîtres entreteneurs du).
Pothier, sous-lieut. (Aube.)
Pourille, capit. en retraite. (Aube).
Pujot, milit. en retraite à Lombez, département du Gers.
Puységur (le comte de), capitaine des gardes-du-corps de Monsieur.

Rayon, capitaine en demi-activité. (Aube.)
Raimbaut, capitaine en retraite à Trémeren.
Ravidat, offic. en retraite. (Aube.)
Renaudié, militaire en retraite à Saint-Aquilin.
Riche, capitaine de chasseurs à Nancy.
Ribout de la Salle, capitaine du génie.
Rigel (le chevalier), chef de la police de la 1re division militaire.
Rivecieux, inspecteur du génie à Nantes.
Rivierre (le comte de).
Rochechouart (le comte), au nom de l'état-major de la 1re division militaire.
Robert, lieuten. en demi-activité. (Aube.)
Robert (Christophe), capitaine du génie à Metz.
Robin, ancien chirurgien-major à Angoulême.
Robinet-Dutteil-d'Ozanne, lieutenant-général.
Roger (le chevalier), pour la compagnie de gendarmerie du Pas-de-Calais.
Rogier (Armand), gendarme du Roi.
Rose, sous-lieuten. d'infanterie.
Roseau, lieuten. en non activité. (Aube.)
Rossi, lieutenant.
Rostaing (le marquis de), maréchal-de-camp.
Roussel-d'Harbal, lieut.-général.
Rumigny (de), colonel à Nevers.

Saint-Aignan (comte de), ancien capitaine de cavalerie.
Saint-Féréol (comte de), ancien chef de bataillon à Rozoy.
Salicetti, lieutenant.
Salvagé, chef de bataillon du génie en Corse.
Savy, commissaire des guerres en Corse.
Scherb, lieutenant-colonel.
Schwiter, maréchal-de-camp.
Ségourac (le vicomte), contre-amiral.
Semidaï, de l'hôpital milit. à Bastia.
Serra, à Calvi.
Serra, lieutenant.
Simonnot, lieuten. en non activité. (Aube.)
Sion (le chev), cap. aide-de-camp.
Souillier, capitaine à Chavanges. (Aube.)
Soulès (le général comte de).
Staglieno (le baron), colonel, au nom des officiers de la légion de la Somme.
Stoëber (le chevalier), chef de bataillon à Obernay.
Subsistances militaires (les commissaires, régisseurs-généraux et employés des).
Suchet (le maréchal), duc d'Albufera).
Suisses (régiment de Steigner).

Tarbé des Sablons, garde-du-corps du Roi.
Tardieu, chevalier de Saint-Louis, sous-intendant militaire.
Tardif, capit. du génie à Metz.
Tarente (le maréchal duc de).
Tascher, colonel à Paris.
Tassin, lieutenant en non activité. (Aube.)
Tassin, colonel de la gendarmerie de Paris.
Teilhard, de l'hôpital militaire à Bastia.
Tempête, colonel, arrondissement d'Epernay.
Tenaille-Vantabille, en Corse.
Teste, sous-intendant militaire.
Teullé (le chev.), colonel retraité.
Tirlet, lieutenant-général.
Thibaud (Armand), command. à Orléans.

MM.

Thierrard, milit. en retraite à Gaignecourt.
Thirrion, maréchal-de-camp, inspecteur-général de la marine.
Thomas de Mason, sous-lieuten. en demi-solde.
Thomas, chef de batail. en non act.
Thorée, adjudant-général.
Tilly (le comte de), lieuten.-gén.
Tombier, capit. en non activité.
Tondumainroger, sous-lieuten. d'infanterie.
Touche, ancien chef d'escadron au Mans.
Touret, gendarme à Boussac. (Creuse.)
Touret, économe de l'hôpital mil. en Corse.
Tousch, ex-capitaine au Mans.
Train d'artillerie de la garde royale.
Train d'artillerie (les officiers du).
Train d'artillerie (les officiers du 3e bataillon, à Macon).
Train d'artillerie de Metz (le conseil d'administration du).
Train d'artillerie à Strasbourg (les officiers du).
Train d'artillerie de Valence (les officiers du).
Tramissier de Bar, colonel d'artillerie à Besançon.
Tressan (le marquis de), pour la légion du Bas-Rhin.
Tripoul, ancien colonel d'infanterie au Pujet. (Var.)
Trobriand (Denis), colonel.
Trouiller (de), lieuten. de vaisseau à Landeda.
Truc, capitaine en retraite aux Arcs. (Var.)
Turmeau de la Morandière, capit. en retraite.
Turpin, lieuten. en non activité. (Aube.)

Vaignedroye, commissaire des guerres à Vesoul.
Vaillant, ancien capit. d'artillerie.
Vallet, ancien sergent du régiment du Roi, infanterie.
Vallois de Pigncrolles, du 3e régiment des gardes d'honneur.
Vannucci, à Calvi.
Vaudreuil, chev. de Saint-Louis.
Vervaux (Alexandre), ancien cap. du génie.
Vétérans, 1re compagnie.
Vétérans, 2e compagnie, près le ministre de la guerre.
Vétérans, 3e compagnie, au jardin du Roi.
Vétérans, 4e compagnie, à Paris.
Vétérans (les sous-officiers de la 4e compagnie de).
Vétérans, à Bicêtre.
Vétérans, 7e compagnie.
Vétérans, 10e compagnie (les officiers, sous-offic. et soldats).
Vévard, inspect. des hôpitaux en Corse.
Viellas (le chevalier de), capitaine de vaisseau à Toulon.
Vignié, capitaine en demi-activité. (Aube.)
Vignolle (le comte de), officier-général en retraite.
Villemagne (le chevalier), capit. de vaisseau.
Volfoul (le marquis de), maréchal-de-camp.
Voltigeurs (3e bat. du 3e. régim.), au Mans.

Wagram (le prince de).
Waterpani, de l'hôpital militaire à Bastia.
Wolser, lieutenant.

Zannetini, médecin à Bastia.

Souscripteurs français à l'étranger.

Bissy (de), adjudant commandant, prisonnier en Ukraine.
Boyvin (Charles), ex-habitant de la Guadeloupe.
Boyvin (Théodore), *idem*.
Rivière (le marquis de), ambassadeur à Constantinople.
Saffroy-Desclouzeaux, 1er substitut, à la Pointe-à-Pitre (Guadeloupe).
Samadet, négociant français établi à Livourne.
Viellac (le vicomte de), 1er secrétaire d'ambassade à Constantinople.

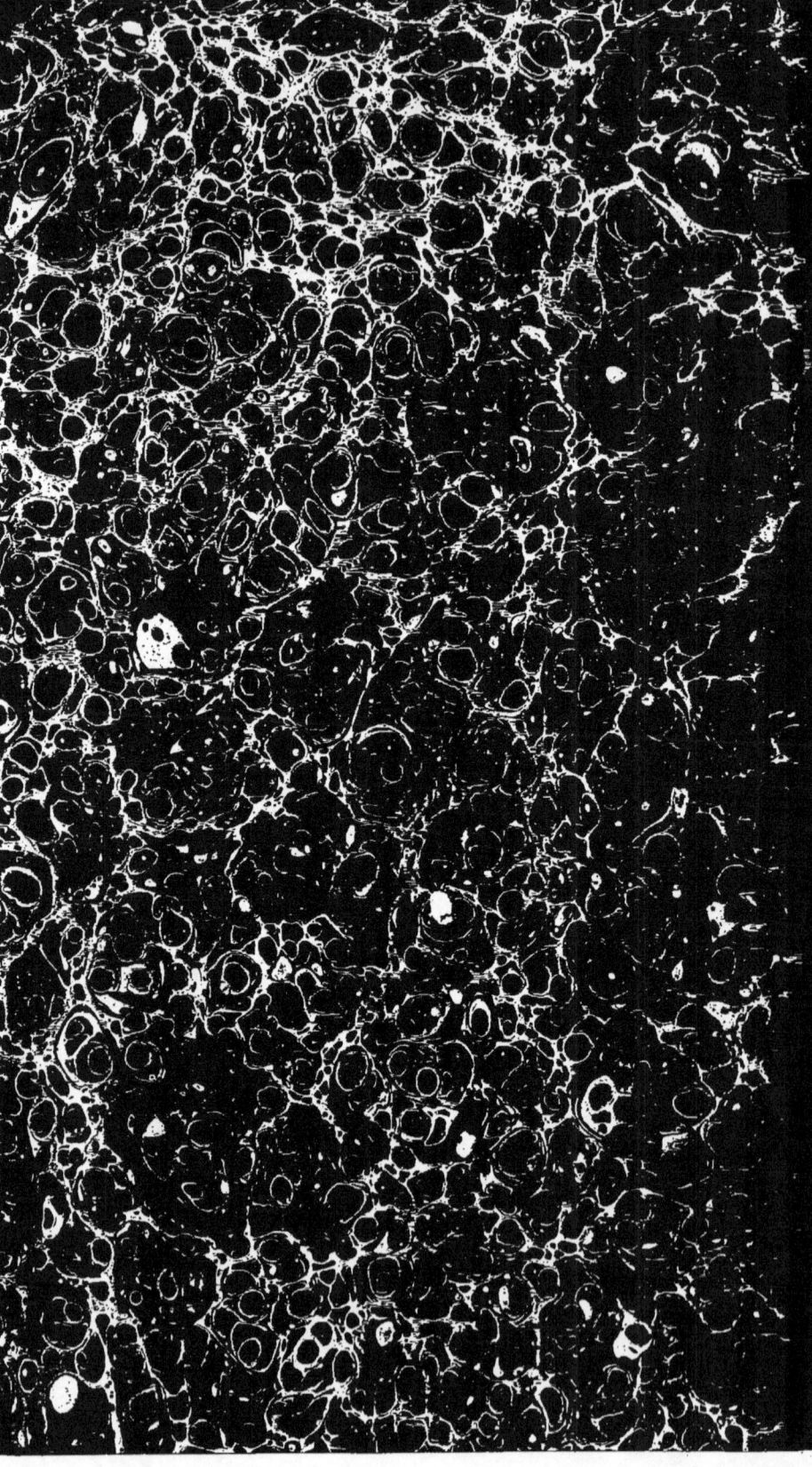

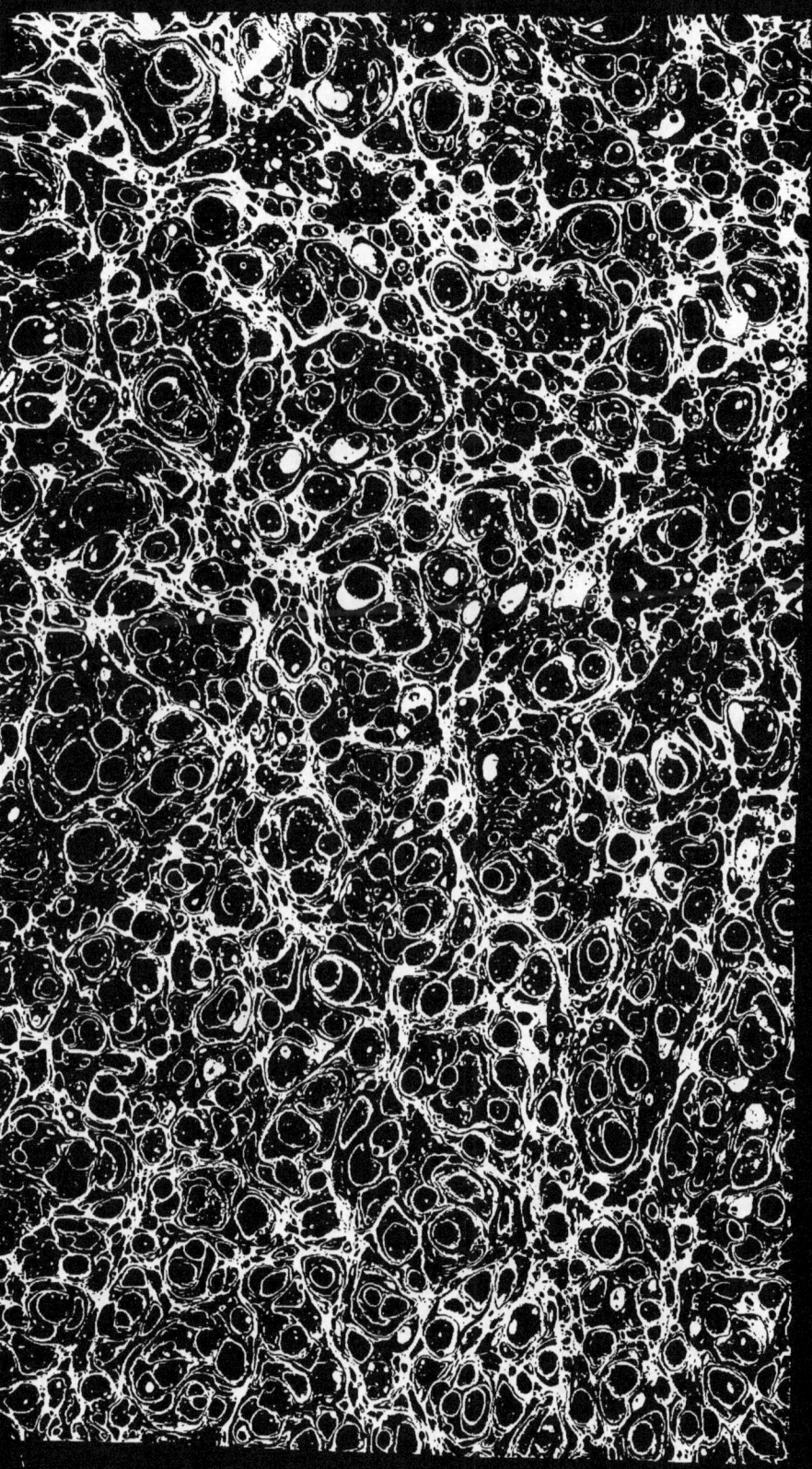

www.ingramcontent.com/pod-product-compliance
Lightning Source LLC
Chambersburg PA
CBHW070301100426
42743CB00011B/2290